Franz Foltz, Horst Neuhaus, Philipp Querbach, Anja Hallas

Kommunikationstraining

Technische Berufe
Fit für Präsentation und Fachgespräch

1. Auflage

Bestellnummer 40039

Haben Sie Anregungen oder Kritikpunkte zu diesem Buch?
Dann senden Sie eine E-Mail an 40039@bv-1.de
Autoren und Verlag freuen sich auf Ihre Rückmeldung.

www.bildungsverlag1.de

Bildungsverlag EINS
Sieglarer Straße 2, 53842 Troisdorf

ISBN 978-3-427-**40039**-4

© Copyright 2008: Bildungsverlag EINS GmbH, Troisdorf
Das Werk und seine Teile sind urheberrechtlich geschützt. Jede Nutzung in anderen als den gesetzlich zugelassenen Fällen bedarf der vorherigen schriftlichen Einwilligung des Verlages.
Hinweis zu § 52a UrhG: Weder das Werk noch seine Teile dürfen ohne eine solche Einwilligung eingescannt und in ein Netzwerk eingestellt werden. Dies gilt auch für Intranets von Schulen und sonstigen Bildungseinrichtungen.

Vorwort

Die Fähigkeit, sich in beruflichen und privaten Gesprächen und Redesituationen kompetent auszudrücken, ist von grundlegender Bedeutung.
So sind die Präsentation eines betrieblichen Auftrags/eines Kundenauftrags sowie das Fachgespräch über diese Arbeitsaufgaben zentrale Elemente der praktischen Abschlussprüfungen in nahezu allen technischen und handwerklichen Ausbildungsberufen. Im Gegensatz dazu steht im Deutschunterricht oft noch die Auseinandersetzung mit der Schriftsprache im Vordergrund. Das vorliegende Lehrbuch behandelt deshalb die mündliche Kommunikation.

Sie lernen unter anderem:
- die Bedeutung der Körpersprache richtig einzuschätzen,
- einen Kundenauftrag zu planen und zu präsentieren,
- ein Gespräch strategisch und partnerorientiert zu führen,
- für Ihre Präsentationen und Gespräche kreativ Ideen zu sammeln,
- Ihre Ausführungen mit modernen Medien zu veranschaulichen.

Dabei gehen wir von dem Grundsatz aus: „Sprechen lernt man nur durch Sprechen." Deshalb sind die einzelnen Kapitel so angelegt, dass Sie auch selbst sprechen müssen.

Jedes Kapitel hat folgende Struktur:

- *Lernsituation*
- *Handlungsauftrag*
- *Information*
- *Training*
- *Weiterführende Literatur*

Ausgangspunkt ist eine praxisorientierte Lernsituation, die durch mündliche Sprachhandlungen bewältigt werden muss. Der Informationsteil vermittelt Ihnen die dafür erforderlichen Kenntnisse. Die sich anschließenden Aufgaben bieten zahlreiche und vielfältige Anregungen, Ihr Sprechverhalten zu trainieren. Zum Schluss eines jeden Kapitels finden Sie gezielte Hinweise darauf, wo Sie sich über die zuvor behandelten Aspekte mündlicher Kommunikation näher informieren können.

Abschließend noch ein Hinweis:
Wir wollen Ihnen das Lesen nicht durch Doppelbezeichnungen (z. B. Sprecherin/Sprecher) erschweren. Deshalb wechseln wir bewusst zwischen weiblichen und männlichen Formen. In allen Fällen ist die jeweils andere Geschlechtsgruppe in gleicher Weise mitgedacht und angesprochen.

Wir wünschen Ihnen viel Freude und Erfolg bei der Arbeit mit diesem Buch.

Köln, im November 2007

Inhaltsverzeichnis

1 „Ich kann Sie gut verstehen." Grundlagen einer erfolgreichen Kommunikation ... 5

1.1 Kommunikation als komplexer Prozess ... 5
1.2 Körpersprache ... 13
1.3 Kommunikationsstörungen ... 19

2 „Im Moment fällt mir nichts ein." Kreative Techniken zum Sammeln von Ideen ... 24

3 „Das hör' ich mir nicht länger an!" Techniken der Visualisierung – Anschaulich präsentieren ... 30

4 „Mir verschlägt es die Sprache." Monologische Formen der mündlichen Kommunikation ... 42

4.1 Vorbereiten auf das freie Sprechen ... 42
    4.1.1 Sie lesen einen Text sinngebend vor ... 42
    4.1.2 Sie halten eine Stegreif-Rede ... 47
4.2 Konzipieren einer Präsentation ... 50
    4.2.1 Sie legen systematisch die Grundlagen ... 50
    4.2.2 Sie „spinnen" einen „roten Faden" ... 51
    4.2.3 Sie gestalten Ihren Vortrag professionell ... 56
    4.2.4 Sie entwerfen Stichwort-Karten als Manuskript ... 62
4.3 Trainieren des freien Vortrags ... 65
4.4 Präsentieren im freien Vortrag ... 67
4.5 Präsentieren mit unterschiedlichen Zielen ... 71
    4.5.1 Sie vermitteln Informationen – der Fachvortrag ... 71
    4.5.2 Sie motivieren andere – die Überzeugungsrede ... 73
    4.5.3 Sie „loben" eine andere Person – die Laudatio ... 77

5 „Kommen Sie bitte morgen zum Gespräch." Dialogische Formen der mündlichen Kommunikation ... 79

5.1 Vorbereiten auf ein Gespräch ... 79
    5.1.1 Sie planen ein Gespräch strategisch ... 79
    5.1.2 Sie führen ein Gespräch partnerorientiert ... 84
5.2 Gespräche führen zu verschiedenen Anlässen ... 93
    5.2.1 Sie telefonieren mit Erfolg im Beruf ... 93
    5.2.2 Sie führen als Kundenberater Auftragsgespräche ... 102
    5.2.3 Reklamationen – behalten Sie nicht recht, behalten Sie den Kunden ... 112
    5.2.4 Beeindrucken und überzeugen Sie in Bewerbungsgesprächen ... 116
    5.2.5 Meistern Sie Fachgespräche in Prüfungen ... 123

„Ich kann Sie gut verstehen."
Grundlagen einer erfolgreichen Kommunikation

1

1.1 Kommunikation als komplexer Prozess

Lernsituation

Eine Auszubildende ist seit mehreren Wochen mit Abdeckarbeiten beschäftigt und wendet sich an ihren Meister. Sie möchte bald eine neue Aufgabe bekommen, mit der sie mehr gefordert wird.

Auszubildende: Herr Mertens, ich bin nun seit vier Wochen mit Abdeckarbeiten beschäftigt und möchte endlich etwas anderes machen und mehr lernen, damit ich meine Prüfung bestehe.

Meister: Nun regen Sie sich mal nicht so auf. Sie sind ja bisher relativ plangerecht eingesetzt worden.

Auszubildende: Nicht ganz. Ich habe auch einen langweiligen Job auf der letzten Baustelle über sechs Wochen machen müssen.

Meister: Das stimmt nicht. Sie waren nur fünf Wochen auf der Baustelle. Wenn außerdem eine Baustelle für Sie langweilig ist, dann haben Sie den falschen Beruf gewählt. Vielleicht sind Sie ja auch im falschen Betrieb.

Auszubildende: Ich glaubte damals, eine richtige Entscheidung getroffen zu haben.

Meister: (schweigt)

Handlungs-auftrag

1. Spielen Sie in Ihrer Lerngruppe den obigen Dialog mit verteilten Rollen nach. Bringen Sie dabei auch eine angemessene Emotionalität der beiden Personen zum Ausdruck.
2. Was würden Sie am Gesprächsverhalten ändern, wenn Sie die Auszubildende oder der Meister wären? Welche Bedeutung kann das Schweigen des Meisters haben?
3. Spielen Sie den Dialog mit geändertem Gesprächsverhalten nach.
4. Informieren Sie sich mithilfe des folgenden Informationsteils über die Grundlagen der Kommunikation. Analysieren Sie mit diesem Hintergrundwissen noch einmal den obigen Gesprächsausschnitt.
5. Berichten Sie in Ihrer Lerngruppe über Erfahrungen mit Gesprächssituationen, in denen die verschiedenen Seiten einer Nachricht von den Beteiligten unterschiedlich wahrgenommen wurden.

Information

Sie kommunizieren immer.

1. **Sie können nicht *nicht kommunizieren***

Auch wenn Sie nicht sprechen, drücken Sie damit etwas aus. Sie kennen das „beredte Schweigen". Damit ist gemeint, dass Sie sich auch durch Schweigen mitteilen können.

Beispiel:
Wenn Sie zu Ihrem Meister ins Büro kommen und „Guten Morgen" sagen, dieser aber nicht antwortet, dann kann das verschiedene Gründe haben:
* *Ihr Meister hört den Gruß nicht, weil Sie zu leise gesprochen haben oder die Umgebungsgeräusche zu laut sind.*
* *Ihr Meister nimmt den Gruß akustisch nicht wahr, weil er gerade auf eine Sache konzentriert ist.*
* *Ihr Meister will Ihnen mitteilen, dass er nicht gestört werden will.*
* *Ihr Meister will zum Ausdruck bringen, dass er gerade mit Ihnen persönlich nicht reden will.*
* *U. a.*

So gehen auch von einer scheinbaren Nicht-Reaktion Botschaften aus, die Sie im Folgenden näher kennenlernen.

2. Sie senden mit jeder Äußerung vier Botschaften

An einem kommunikativen Vorgang sind Sie entweder als Sprecher oder als Hörer beteiligt. Als Sprecher wählen Sie für Ihre Nachricht bestimmte Wörter und Sätze. Als Hörer müssen Sie Wörter und Sätze eines anderen zutreffend verstehen, damit eine Verständigung gelingt. Sie kennen das: Manchmal kommt Ihre Aussage beim Hörer nicht so an, wie Sie sie gemeint haben. Dies liegt daran, dass Ihre Nachricht stets viele Botschaften enthält. Deshalb ist der Vorgang der zwischenmenschlichen Kommunikation so kompliziert und störanfällig.[1]

Als Sprecher sind Sie ein „vierfacher Botschafter".

Sie müssen vier Seiten einer Nachricht unterscheiden.

Die Botschaft der Information – oder: Welche sachliche Information geben Sie?

Zunächst enthält jede Ihrer Aussagen eine Sachinformation. Sie wollen Ihren Gesprächspartner informieren.

1. Botschaft: Sache

> *Beispiel:*
> *In der vorab beschriebenen Situation teilt die Auszubildende ihrem Meister mit, dass sie seit vier Wochen mit Abdeckarbeiten beschäftigt ist.*

Die Botschaft der Selbstmitteilung – oder: Was teilen Sie über sich selbst mit?

In jeder Ihrer Aussagen sind auch Elemente enthalten, die etwas über Ihre Person mitteilen. Ihr Gesprächspartner erfährt z. B. zwangsläufig etwas über:
- Ihren Informationsstand,
- Ihr Sprachvermögen (Wortschatz, Stil, Ausdrucksfähigkeit u. a.),
- Ihre Gefühle und Empfindungen,
- Ihre körperliche Befindlichkeit.

2. Botschaft: Ich

> *Beispiel:*
> *In der obigen Situation äußert die Auszubildende ihre Verärgerung und ihre Befürchtung, die Prüfung nicht zu bestehen. Sie vermittelt auch ihr Selbstbewusstsein.*

Die Botschaft der Beziehung – oder: Was bringen Sie über Ihr Verhältnis zum Gesprächspartner zum Ausdruck?

In jeder Ihrer Aussagen machen Sie auch deutlich, wie Ihre Beziehung zum Gesprächspartner ist. Sie äußern dies z. B. durch:
- Ihre Art und Weise der Formulierung,
- Ihren Tonfall,
- Ihre Körpersprache (wegwerfende Handbewegung u. a.).

3. Botschaft: Du und wir

> *Beispiel:*
> *In der obigen Situation teilt der Meister durch seine Aussage „Nun regen Sie sich mal nicht auf" mit, dass er sich in einer Vorgesetzten-Position befindet. Dies erlaubt ihm, die Äußerung der Auszubildenden geringschätzig zu kommentieren.*

---
[1] Vgl. S. 19 ff.

Die Botschaft des Appells – oder: Was möchten Sie bei Ihrem Gesprächspartner erreichen?

4. Botschaft: Ziel

Als Sprecher haben Sie immer ein Ziel vor Augen. Mit Ihren Aussagen möchten Sie Einfluss auf Ihren Gesprächspartner nehmen. Sie wollen ihn veranlassen, bestimmte Handlungen vorzunehmen oder zu unterlassen. Oder er soll bestimmte Standpunkte übernehmen bzw. aufgeben.

> **Beispiel:**
> In der obigen Situation appelliert die Auszubildende an ihren Meister, ihr eine andere Aufgabe zu geben.

3. Sie empfangen mit jeder Äußerung vier Botschaften

Als Hörer sind Sie ein „vierfacher Empfänger".

Bedenken Sie: Nicht nur Sie, sondern auch Ihr Gesprächspartner übermittelt mit jeder seiner Aussagen die vier Botschaften. Für Sie als Hörer bedeutet dies, dass Sie in einem Gespräch mit vier Ohren hören, um die Botschaften Ihres Partners zu entschlüsseln.

Ihr Sach-Ohr

Immer schön sachlich bleiben?

Hören Sie mit Ihrem Sach-Ohr nur dann, wenn es wirklich um die Sache und nicht um emotionale und zwischenmenschliche Konflikte geht. Machen Sie nicht den Fehler, z. B. Beziehungsprobleme auf der Sachebene lösen zu wollen.

Ihr Selbstmitteilungs-Ohr

„Hören" Sie auch die Gefühle Ihres Gesprächspartners.

Mit diesem Ohr nehmen Sie die Gefühle und Zustände Ihres Gesprächspartners wahr. Wenn Sie über ein ausgeprägtes Selbstmitteilungs-Ohr verfügen, ist das für Ihre zwischenmenschliche Verständigung von Vorteil. Sie verstehen Ihren Gesprächspartner besser. Seien Sie auf diesem Ohr also nicht taub.

Ihr Beziehungs-Ohr

Beziehen Sie nicht alles auf sich.

Mit diesem Ohr interpretieren Sie Aussagen Ihres Gesprächspartners im Hinblick auf ihre wechselseitige Beziehung. Achten Sie darauf, dass Ihr Beziehungs-Ohr nicht übersensibel reagiert. Interpretieren Sie z. B. in sachlich gemeinte Aussagen nicht persönliche Angriffe, Herabsetzungen oder Bevormundungen hinein.

Ihr Appell-Ohr

Mit diesem Ohr nehmen Sie Aufforderungen und Erwartungen an Ihre Person wahr. „Zügeln" Sie aber Ihr Appell-Ohr. Versuchen Sie nicht, es allen recht zu machen und auch unausgesprochenen Erwartungen gerecht zu werden. Es besteht dann die Gefahr, dass Sie Ihre eigenen Wünsche und Bedürfnisse außer Acht lassen. Außerdem verführt Ihr extremes Appell-Ohr Sie dazu, Ihrem Gesprächspartner ständig Berechnung und Manipulation zu unterstellen. Die Kommunikation wird unausgewogen.

Vermeiden Sie einen vorauseilenden Gehorsam

4. Sich verstehen – Sprechen Sie das richtige Ohr an und hören Sie mit vier Ohren

Viele Missverständnisse und Konflikte entstehen, weil Ihnen „Sprechfehler" oder „Hörfehler" unterlaufen.
Sie wollen z. B. sachlich informieren, sprechen aber mit einem ironischen Tonfall das Beziehungs-Ohr Ihres Gesprächspartners an.
Oder Sie werden sachlich kritisiert, nehmen dies aber als Herabsetzung Ihrer Person wahr.[1]
Oft stehen Sie sich jedoch auch selbst beim „richtigen Hören" im Wege, da Sie bestrebt sind, in einem Gespräch Ihre Meinung durchzusetzen. Noch während Ihr Gesprächspartner spricht, formulieren Sie in Gedanken Ihre Antwort und hören zwangsläufig nicht mehr aufmerksam zu. Die Folge ist: Sie liefern sich einen „destruktiven" Schlagabtausch von Argumenten, ohne aufeinander einzugehen.

So können Sie Kommunikationsstörungen vermeiden:

■ **MERKE:**

Sprechen Sie das richtige Ohr an.

- Sprechen Sie verständlich. Erklären Sie bei Bedarf Fachbegriffe.
- Teilen Sie Ihre Befindlichkeit ehrlich mit. Verbergen Sie sie nicht in einer angeblich sachlichen Auseinandersetzung.
- Geben Sie nicht an und seien Sie nicht auf Komplimente aus.
- Sprechen Sie Beziehungsprobleme offen an.
- Respektieren Sie Ihren Gesprächspartner.
- Suchen Sie gemeinsam nach Lösungen.
- Verlangen Sie nicht, bitten Sie um etwas. Begründen Sie Ihre Wünsche.

---

[1] Vgl. S. 19 ff.

1 | „Ich kann Sie gut verstehen." – Grundlagen einer erfolgreichen Kommunikation

■ MERKE:

Hören Sie richtig zu.

- Bemühen Sie sich um ein echtes Interesse an Ihrem Gesprächspartner.
- Lassen Sie ihm Zeit, seine Gedanken zu formulieren.
- Vermitteln Sie ihm auch non-verbal, dass Sie zuhören (z. B. Kopfnicken).
- Achten Sie auf seine „Ich-Botschaften".
- Nehmen Sie nicht alles persönlich.
- Achten Sie auf Appelle.
- Überprüfen Sie gegebenenfalls Ihre Wahrnehmung, z. B. „Habe ich das richtig verstanden, dass Sie das Gefühl haben, …"

Training

1. Analysieren Sie mit folgenden Leitfragen die Botschaften in den unten stehenden Äußerungen.
   - Was sagt der Sprecher objektiv als Tatsache, Behauptung oder Meinung aus?
   - Was sagt der Sprecher über seine Person, seine Befindlichkeit?
   - Wie sieht der Sprecher seine Beziehung zum Hörer?
   - Was will der Sprecher beim Hörer erreichen?

2. Formulieren Sie die Äußerungen so um, dass jeweils eine andere Botschaft dominiert.

3. Formulieren Sie in direkter Rede mögliche Antworten auf die folgenden Äußerungen. Formulieren Sie zu jeder Äußerung mehrere Antworten, mit denen Sie jeweils auf eine andere Botschaft reagieren.

	Äußerungen:	
a)	Lehrerin zu einem Schüler:	„Sie haben keine Hausaufgaben gemacht."
b)	Lehrer während des Unterrichts zur Klasse:	„Ich habe keine Kreide."
c)	Schüler angesichts eines offenen Fensters:	„Ich friere."
d)	Ausbilderin zum Azubi, der zu spät kommt:	„Kommen Sie schon wieder zu spät?"
e)	19-Jähriger, der 3.000,00 € für ein Auto benötigt, zum Vater:	„Ich brauche 3.000,00 € für ein Auto."
f)	Klassensprecher zum Lehrer:	„Der Unterrichtsstoff der vorigen Stunde war viel zu schwierig. Die meisten haben nichts verstanden."

Zwei Schülerinnen sind mit der Benotung ihrer Arbeit nicht einverstanden.

g)	Schülerin A zur Lehrerin:	„Sie haben meine Arbeit unterbewertet. Sie haben die Gliederung bei der Bewertung nicht berücksichtigt. Dabei habe ich Ihre Hinweise aus dem Unterricht besonders beachtet. Sehen Sie die Arbeit noch einmal durch."
h)	Schülerin B zur Lehrerin:	„Ich habe den Eindruck, dass meine Arbeit unterbewertet ist. Gerade bei der Gliederung habe ich die Hinweise aus dem Unterricht besonders beachtet. Ich wäre froh, wenn Sie meine Arbeit noch einmal durchsehen könnten."

Zwei Lehrer reagieren auf die Beschwerden von Schülern.

i)	Lehrer A zum Schüler:	„Sie sind der Einzige, der sich immer beschwert. Außerdem war Ihre vorige Arbeit ja auch nicht besser. Sehen Sie sich meine Korrektur noch einmal an und dann können Sie wieder kommen."
j)	Lehrer B zum Schüler:	„Ich finde es richtig, dass Sie zu mir kommen. Wenn man eine Fülle von Korrekturen hat, kann es sein, dass man Einzelheiten schon mal übersieht. Ich gehe Ihre Arbeit noch einmal durch."

4. Trainieren Sie in Ihrer Lerngruppe mithilfe der Übung „Kontrollierter Dialog" Ihre Fähigkeit, zuhören zu können.[1]

5. Welche Botschaften werden in dem folgenden Comic gesendet bzw. empfangen?

6. Manchmal geht es in einem Gespräch gar nicht um die Sache, sondern um die Empfindungen der Gesprächsteilnehmer und um die Frage, wie sie ihre Beziehung zueinander einschätzen. Solche Gespräche führen in der Regel zu Konfliktsituationen, weil Beziehungsprobleme selten auf der Sachebene gelöst werden können.

Im Büro eines großen Bauunternehmens

---

[1] Vgl. S. 90 f.

a) Analysieren Sie den obigen Dialog. (Welche Botschaften (Sachinhalt, Selbstoffenbarung, Beziehung, Appell) sendet die Mitarbeiterin an ihren Kollegen Meier? Welche Botschaften nimmt dieser wahr? Welche Botschaften sendet er wiederum in seinem Gesprächsbeitrag?)
b) „Sprechen Sie nicht über die Sache, wenn es in Wirklichkeit um Ihre Gefühle und um Ihre Beziehung zu Ihrem Gesprächspartner geht." Entwerfen Sie unter Beachtung dieses Grundsatzes einen alternativen Gesprächsverlauf. Formulieren Sie dazu für jeden Gesprächspartner drei Gesprächsbeiträge.
c) Fallen Ihnen aus Ihrem Arbeitsalltag weitere Beispiele für Gesprächssituationen ein, in denen die Betroffenen Beziehungsprobleme auf der Sachebene thematisiert haben? Schildern Sie den anderen Mitgliedern Ihrer Lerngruppe diese Situationen.

Hier können Sie sich weitergehend informieren:

Literatur

Schulz von Thun, Friedemann: Miteinander reden, 3 Bde. rororo. Reinbek 2005. (ISBN 3-499-61964-4)

Watzlawick, Paul/Beavin, Janet/Jackson, Don D.: Menschliche Kommunikation. Verlag Hans Huber. 10. Auflage. Bern 2000 (ISBN 3-456-83457-8)

1.2 Körpersprache

Sie nehmen an einem Rhetorik-Seminar teil. Zum Einstieg in die Thematik „Körpersprache" präsentiert die Trainerin die folgenden Fotos:

Lernsituation

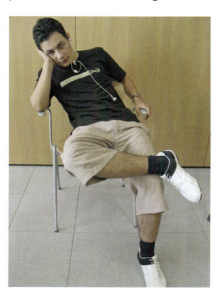

1 | „Ich kann Sie gut verstehen." – Grundlagen einer erfolgreichen Kommunikation

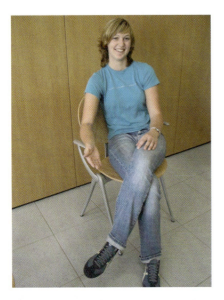

Handlungsauftrag

1. Erarbeiten Sie mithilfe des folgenden Informationsblocks zentrale Aspekte der Körpersprache heraus.
2. Welche Informationen übermitteln Ihnen die abgebildeten Personen auf den vier Fotos? Durch welche konkreten körpersprachlichen Zeichen werden Ihnen diese Informationen jeweils deutlich?
3. Sammeln Sie im Gespräch weitere Ihnen bekannte körpersprachliche Zeichen mit ihrer jeweiligen Bedeutung.
4. Deuten Sie die körpersprachlichen Zeichen einzelner Mitglieder Ihrer Lerngruppe. Nehmen Sie dabei unbedingt Rücksicht auf die Gefühle des anderen.
5. Geben Sie selbst (eindeutige) körpersprachliche Zeichen und lassen Sie diese von der Gruppe deuten.

Information

1. **Erkennen Sie die Bedeutung der Körpersprache**

Schätzen Sie die Wichtigkeit körpersprachlicher Zeichen im Umgang mit anderen Menschen richtig ein.

Ihr Körper lügt nicht.

- Ihr erster Kontakt mit einem anderen Menschen ist immer ein visueller (Ausnahme: Telefon).
- In einem Gespräch geben und empfangen Sie zwischen 60 % und 80 % der Informationen durch körpersprachliche Zeichen.
- Mit körpersprachlichen Zeichen unterstützen Sie Ihr gesprochenes Wort.

- Insbesondere Ihre innere Befindlichkeit spiegelt sich in körpersprachlichen Zeichen wider.
- Sie verstehen sich selbst und andere besser, wenn Sie auch die Körpersprache beherrschen.

2. Was Sie sich unter Körpersprache vorstellen müssen

Jede bewusste oder unbewusste Bewegung Ihres Körpers oder eines Körperteils, mit der Sie anderen etwas mitteilen, gehört zur Körpersprache. Ihre Körpersprache ist eine Zeichensprache. Sie übermitteln Ihre körpersprachlichen Zeichen durch:

- Ihre Mimik,
- Ihre Körperhaltung,
- Ihre Gestik,
- Ihr äußeres Erscheinungsbild.

„Sie reden mit Händen und Füßen."

Während Sie sprechen, sendet auch Ihr Körper „Signale" über Ihre innere Befindlichkeit. Stehen Ihre sprachlichen Äußerungen im Widerspruch zu diesen „Signalen", wird Ihr Gesprächspartner diesen Unterschied relativ schnell wahrnehmen. Es besteht die Gefahr, dass Sie als verschlossen, unehrlich oder verklemmt eingeschätzt werden. Sorgen Sie deshalb für Kongruenz (Übereinstimmung) zwischen körperlichem und sprachlichem Ausdruck. Sprechen Sie z. B. keine Anerkennung mit neidischem Gesichtsausdruck aus.[1]

„Der Körper ist der Handschuh der Seele."
(Samy Molcho)

3. Wie Sie körpersprachliche Zeichen deuten können

Die Körpersprache ist Ihre ursprüngliche Sprache. Die Bedeutung vieler Körpersignale ist Ihnen bekannt, z. B. Abwertung einer Person oder Sache durch eine wegwerfende Handbewegung. Über den Inhalt anderer körpersprachlicher Zeichen müssen Sie sich erst bewusst werden.

Zeichen der Körpersprache	Was sie bedeuten können
Mimik	
Zugekniffene Augen	Abwehr, Unlust
Häufiges Wegsehen	Unsicherheit, mangelnde Sympathie
Waagerechte Stirnfalten	Erstaunen, Überraschung, Angst
Senkrechte Stirnfalten	Konzentration, Ärger

Gedanke und Körper sind untrennbar miteinander verbunden.

---

[1] Vgl. S. 20

Überwiegend zugekniffener Mund	Zurückhaltung, Kontaktarmut, Zorn
Angehobener Mundwinkel	Arroganz, Überheblichkeit
Geöffneter Mund	Erstaunen, Bereitschaft, etwas zu sagen, mangelnde Selbstkontrolle
Gestik	
Hand vor dem Mund (nach dem Reden)	Erstaunen über die eigene Aussage
Hand vor dem Mund (beim Reden)	Unsicherheit
Regelmäßiges Anfassen der Nase oder Haare	Nachdenken, kritische Haltung, Verlegenheit
Regelmäßiges Zupfen am Ohr	Verlegenheit, Unbehagen
Spielen mit den Händen/Trommeln mit den Fingern	Nervosität, Erregung, Ungeduld
Mit den Füßen wippen	Ungeduld, Aggressivität
Körperhaltung/äußeres Erscheinungsbild	
Steife militärische Körperhaltung	Unterdrückung von Ängsten
Starker Pafümgeruch	Werbung

Seien Sie grundsätzlich zurückhaltend bei der Deutung körpersprachlicher Zeichen. Um Fehlinterpretationen zu vermeiden, sollten Sie immer bedenken:
- In Ausnahmesituationen reagiert Ihr Gesprächspartner oft untypisch.
- Auf der Basis eines einzelnen körpersprachlichen Signals sollten Sie keine übereilte Deutung vornehmen. Achten Sie stets darauf, dass mehrere Zeichen in dieselbe Richtung weisen.
- Deuten Sie keine krankheitsbedingten körpersprachlichen Phänomene.

Training

1. Welch enger Zusammenhang zwischen Körper und Seele besteht, erkennen Sie an den sogenannten psychosomatischen Redensarten.

   Beispiel (aus dem Bereich Atmung): mir bleibt die Luft weg; mir stockt der Atem; da muss ich erst einmal Luft holen; man spürt eine atemberaubende Spannung; es herrscht eine erstickende Atmosphäre.

   Suchen Sie selbst solche Redensarten zu „Nase und Geruch", „Herz", „Magen", „Hals", „Verdauungsorganen", „Kleidung/Schuhe". Deuten Sie diese Redensarten.

2. Menschen haben unterschiedliche Temperamente. Die folgenden Fotos zeigen vier Grundtypen.

Der Choleriker

Der Melancholiker

Der Phlegmatiker

Der Sanguiniker

a) Charakterisieren Sie diese Grundtypen anhand ihrer körpersprachlichen Signale (Mimik, Gestik, Körperhaltung, äußeres Erscheinungsbild).

b) Welche Antworten könnten die vier Charaktere jeweils auf folgende Fragen geben?
- Wie haben Sie sich heute bei Ihrer Arbeit gefühlt?
- Was unternehmen Sie heute Abend?

c) Stellen Sie nach Ihrer Wahl aus dem Stegreif einen der Charaktere dar. Ihre Darstellung gewinnt, wenn Sie dabei sprechen und sich eine der folgenden Situationen vorstellen:
- Sie werden von einem Freund oder einer Freundin ins Kino eingeladen.
- Sie kommen zu spät zu einer Verabredung und werden von Ihrem wartenden Freund begrüßt.
- Sie haben in einem Restaurant ein Essen bestellt. Der Kellner bringt die Suppe. Als Sie gerade den ersten Löffel genommen haben, entdecken Sie ein Haar in der Suppe.

3. Beobachten Sie gezielt das körpersprachliche Handeln von Personen, mit denen Sie im Ausbildungsbetrieb oder in der Freizeit kommunizieren. Achten Sie dabei insbesondere auf Widersprüche zwischen verbalen und non-verbalen Äußerungen Ihrer Kommunikationspartner.

a) Notieren Sie sich stichwortartig Beispiele für die Nichtübereinstimmung von körperlichem und sprachlichem Ausdruck. Berichten Sie danach in Ihrer Lerngruppe von Ihren Beobachtungen. Achten Sie dabei darauf, dass Sie andere nicht bloßstellen oder verletzen.

b) Sammeln Sie im Gespräch mit den anderen Mitgliedern Ihrer Lerngruppe Möglichkeiten, wie man auf die von Ihnen geschilderten Widersprüchlichkeiten reagieren kann.

Literatur

Hier können Sie sich weitergehend informieren:

Fast, Julius: Versteckte Signale. Körpersprache im Beruf, Econ 1992 (ISBN 3430126258)

Molcho, Samy: Alles über Körpersprache. Sich selbst und andere besser verstehen. Goldmann Taschenbuch Bd. 16555. 2006. (ISBN 978-3-442-39047-2)

Molcho, Samy: Körpersprache des Erfolgs. Ariston Verlag. 2005 (ISBN 3-7205-2656-9)

1.3 Kommunikationsstörungen

Sie sind Teilnehmer an einem Rhetorik-Seminar. Die Trainerin führt mit Ihnen die Trainingseinheit „Bild-Post" durch.

Lernsituation

Trainingsmodul „Bild-Post" – so funktioniert es:

Material:
- Ein Bild mit möglichst vielen Einzelheiten
- Stoppuhr

Ablauf:
- Ca. sechs Personen der Lerngruppe verlassen den Raum.
- Trainerin zeigt den zurückgebliebenen Teilnehmern das Bild.
- Beobachtungszeit: ca. drei Minuten
- Trainerin verdeckt das Bild nach der Beobachtungszeit.
- Ein erster Teilnehmer (A), der den Raum verlassen hat, wird hereingeholt.
- Ein Teilnehmer, der das Bild betrachten konnte, beschreibt diesem das Bild.
- Ein zweiter Teilnehmer (B), der den Raum verlassen hat, kommt zurück.
- Teilnehmer A gibt an Teilnehmer B die empfangene Bildbeschreibung weiter, wobei Teilnehmer B nachfragen darf.
- Usw. bis die Bildbeschreibung an den letzten Teilnehmer, der das Bild nicht betrachten konnte, weitergegeben worden ist.
- Die anderen Mitglieder der Lerngruppe beobachten den Vorgang der Informationsübermittlung.

Handlungsauftrag

1. Führen Sie in Ihrer Lerngruppe die Trainingseinheit „Bild-Post" durch.
2. Informieren Sie sich im folgenden Informationsteil über Kommunikationsstörungen. Werten Sie mit diesem Hintergrundwissen die Übung aus. Gehen Sie insbesondere auf folgende Fragen ein:
   - Worauf kommt es bei dieser Übung an?
   - Welche Abweichungen haben sich bei der Weitergabe der Informationen ergeben?
   - Wie ist es zu den Abweichungen gekommen?

1. Wie Sie Kommunikationsstörungen vermeiden

Information

Wenn Sie den Eindruck haben, dass die Verständigung zwischen Ihnen und Ihrem Gesprächspartner nicht reibungslos funktioniert, dann kann die Störung auf jeder der vier Ebenen (Sache, Selbstmitteilung, Beziehung, Appell)[1] vorliegen.

Drei Gütekriterien: Einfachheit, Übersichtlichkeit, Prägnanz

Vermeiden Sie Störungen auf der Sachebene
Sorgen Sie für die Verständlichkeit der Sachinhalte.
- Benutzen Sie nur Fachausdrücke, die Ihr Gesprächspartner versteht.
- Geben Sie Informationen präzise wieder.
- Bilden Sie verständliche Sätze (Satzaufbau, Satzlänge).
- Gliedern Sie Ihre Gedanken nachvollziehbar.

Imponieren Sie nicht unfair, verschleiern Sie sich nicht mit Masken.

Vermeiden Sie Störungen auf der Selbstmitteilungsebene
In Gesprächen teilen Sie Vielfältiges über Ihre Person mit. Einiges wollen Sie bewusst herzeigen (Selbstdarstellung), anderes verraten Sie ungewollt (Selbstenthüllung). Es kann dabei zu Störungen kommen, wenn Sie in einem möglichst „günstigen Licht erscheinen" oder wenn Sie etwas verbergen wollen.
- Geben Sie nicht an, um den Gesprächspartner einzuschüchtern.
- „Fischen" Sie nicht nach Komplimenten.
- „Mauern" Sie keine Fassaden.
- Teilen Sie Ihre Befindlichkeit ehrlich mit.
- Achten Sie auf eine Übereinstimmung zwischen Ihrer Gefühlslage und Ihren verbalen und non-verbalen Äußerungen (Kongruenz).

Es ist möglich, auch einem Gegner Wertschätzung entgegenzubringen.

Vermeiden Sie Störungen auf der Beziehungsebene
Vielleicht haben auch Sie die Erfahrung gemacht: Die meisten Kommunikationsstörungen betreffen die Beziehungsebene. Achten Sie deshalb besonders auf Ihr konkretes Verhalten und Ihre allgemeine Haltung gegenüber Ihrem Gesprächspartner.
- Akzeptieren und respektieren Sie Ihren Gesprächspartner.
- Hören Sie mit allen „vier Ohren" gut zu.
- Sorgen Sie dafür, dass auch der andere einen Nutzen aus dem Gespräch ziehen kann.
- Bevormunden Sie ihn nicht durch ständige Ratschläge, Vorgaben, Fragen.
- Suchen Sie mit ihm gemeinsam nach Lösungen.
- Lassen Sie ihn selbst entscheiden.
- Stellen Sie sicher, dass keiner „sein Gesicht verliert".

Achtung: Fehler hinsichtlich Art und „Melodie" eines Appells bewirken leicht das Gegenteil des eigentlich Gewollten.

Vermeiden Sie Störungen auf der Appellebene
Sie kennen das sicher: Sie appellieren gut gemeint an einen anderen, doch aus Trotz handelt dieser genau entgegengesetzt. Achten Sie deshalb auf die Art und Weise, wie Sie Appelle formulieren.
- Verlangen Sie nicht, bitten Sie um etwas.
- Vermeiden Sie einen barschen Befehlston.
- Begründen Sie Ihre Wünsche.
- Drücken Sie Appelle auch als solche aus.

---

[1] Vgl. S. 7 ff.

2. Sprechen Sie über Kommunikationsstörungen

Wenn Sie Störungen in der Kommunikation feststellen, sprechen Sie mit Ihrem Gesprächspartner darüber. Nur dann können Sie die Störungen beseitigen. Das Gespräch über Kommunikation heißt Metakommunikation.

Im Rahmen der Metakommunikation können Sie die Technik des Feedback einsetzen. Bei einem Feedback geben Sie einem Gesprächspartner eine Rückmeldung bezüglich seines Gesprächsverhaltens. Sie bestärken den anderen in positiven Verhaltensweisen, machen bei Bedarf aber auch Verbesserungsvorschläge.

Wie Sie bei einem Feedback vorgehen

- Geben Sie nur dann ein Feedback, wenn der andere bereit ist, es aufzunehmen.
- Beschreiben Sie, was Sie beobachtet haben, bewerten Sie nicht.
- Beschränken Sie sich auf wesentliche Aspekte.
- Beziehen Sie sich auf konkrete Einzelheiten, vermeiden Sie allgemeine Feststellungen.
- Schlagen Sie Verhaltensalternativen vor.
- Verletzen Sie nie das Selbstwertgefühl des anderen.
- Sagen Sie deutlich, dass Sie sich irren können.

Mit einem Feedback üben Sie konstruktiv Kritik.

Sie nehmen ein Feedback entgegen

- Prüfen Sie, ob Sie für ein Feedback bereit sind.
- Seien Sie für jedes ehrliche und fundierte Feedback dankbar.
- Verteidigen Sie sich nicht, sondern hören Sie zunächst zu.
- Fragen Sie nach, wenn Sie etwas nicht verstehen.
- Entscheiden Sie für sich selbst, was Sie annehmen oder ablehnen.

1 | „Ich kann Sie gut verstehen." – Grundlagen einer erfolgreichen Kommunikation

Training

1. Erläutern Sie, welche Kommunikationsstörung in den folgenden Fällen jeweils vorliegt.

a)	Ärztin zu einem Patienten:	„Sie haben einen Diabetes mellitus."
b)	Ein 6-jähriges Kind hört am Telefon:	„Please hold the line."
c)	Schüler zum Lehrer:	„Können Sie noch einmal den Unterschied zwischen ‚Miete' und ‚Pacht' erklären?"
	Antwort Lehrer:	„Diesen Unterschied habe ich schon zweimal erklärt. Lesen Sie das nun selbst im Buch nach."

2. Formulieren Sie verständlich:

   Wenn ich mich nunmehr dem Problem zuwende, wie man, unter Würdigung aller hier infrage kommenden Umstände, die Geltungsdauer von Aussagen zu beurteilen hat, die eine Widerspiegelung der Wirklichkeit nicht oder jedenfalls nicht in vollem Umfange enthalten, so würde ich die Formulierung für angemessen erachten, dass Lügen eine gewisse Tendenz in sich tragen, auf längere Fristen hin betrachtet, der vollen Zustimmung aller Beteiligten in mehr oder minder hohem Grade zu ermangeln.

3. Der Hauptgrund für die Schwerverständlichkeit von (gesprochenen) Texten ist darin zu sehen, dass viele nicht wissen, wie man sich verständlich ausdrückt.

   Merkmale der Verständlichkeit sind:

   Einfachheit
   (kurze, einfache Sätze, geläufige Wörter, erklärte Fachbegriffe, konkrete, anschauliche Formulierungen)

   Gliederung – Ordnung
   (gegliederte, folgerichtige, übersichtliche Darstellung, Unterscheidung von Wesentlichem und Unwesentlichem, Erkennbarkeit des „roten Fadens")

   Kürze – Prägnanz
   (Beschränkung aufs Wesentliche, Konzentrierung aufs Ziel, Wichtigkeit eines jeden Wortes)

   Anregende Zusätze
   (abwechslungsreiche, persönliche Darstellungsweise)

Beurteilen Sie den folgenden Text hinsichtlich seiner Verständlichkeit. Begründen Sie Ihre Auffassung.

> ### § 312, Abs. (1) (Bürgerliches Gesetzbuch)
>
> ### Widerrufsrecht bei Haustürgeschäften
>
> Bei einem Vertrag zwischen einem Unternehmer und einem Verbraucher, der eine entgeltliche Leistung zum Gegenstand hat und zu dessen Abschluss der Verbraucher
> 1. durch mündliche Verhandlungen an seinem Arbeitsplatz oder im Bereich einer Privatwohnung,
> 2. anlässlich einer vom Unternehmer oder von einem Dritten zumindest auch im Interesse des Unternehmers durchgeführten Freizeitveranstaltung oder
> 3. im Anschluss an ein überraschendes Ansprechen in Verkehrsmitteln oder im Bereich öffentlich zugänglicher Verkehrsflächen
>
> bestimmt worden ist (Haustürgeschäft), steht dem Verbraucher ein Widerrufsrecht gemäß § 355 zu. Dem Verbraucher kann anstelle des Widerrufsrechts ein Rückgaberecht nach § 356 eingeräumt werden, wenn zwischen dem Verbraucher und dem Unternehmer im Zusammenhang mit diesem oder einem späteren Geschäft auch eine ständige Verbindung aufrechterhalten werden soll.

4. Diskutieren Sie in Ihrer Lerngruppe, ob z. B. in Gesprächen mit Vorgesetzten und in Prüfungsgesprächen Fassaden- und Imponiertechniken sinnvoll sein können oder ob auch in diesen Situationen der Grundsatz der „Echtheit" befolgt werden soll.

5. In Werbetexten ist nie eine direkte Kaufaufforderung enthalten. Begründen Sie dies kommunikationstheoretisch.

6. Kann „Weinen" ein Appell sein? Begründen Sie Ihre Auffassung.

Hier können Sie sich weitergehend informieren:

Literatur

Schulz von Thun, Friedemann: Miteinander reden, 3 Bde. rororo. Reinbek 2005. (ISBN 3-499-61964-4)

Langer, Inghard/Schulz von Thun, Friedemann/Tausch, Reinhard: Sich verständlich ausdrücken. 8. veränderte Auflage. Ernst Reinhardt Verlag. München 2002 (ISBN 3-497-01606-3)

Lay, Rupert: Führen durch das Wort. Motivation, Kommunikation, Praktische Führungsdialektik. Ullstein Taschenbuchverlag. Berlin 2006. (ISBN 978-3-548-36882-5)

2 „Im Moment fällt mir nichts ein."
Kreative Techniken zum Sammeln von Ideen

Lernsituation

Die Schulleitung Ihrer Berufsschule hat in Abstimmung mit der Schülervertretung (SV) die Aktion „Saubere Schule" initiiert. Die SV möchte Vorschläge zur Umsetzung dieser Aktion in die Diskussion einbringen. Zunächst sind Sie als Schülersprecher mit Ihren Stellvertretern gebeten worden, Ideen zu sammeln und die brauchbarsten auf der nächsten Sitzung des Aktionskomitees vorzustellen.

Handlungsauftrag

1. Informieren Sie sich anhand des folgenden Informationsteils über die Möglichkeiten, gemeinsam und ökonomisch an einer Ideensammlung zu arbeiten.
2. Wählen Sie ein Verfahren aus und sammeln Sie Ideen zur Umsetzung der Aktion „Saubere Schule".
3. Visualisieren Sie die Ergebnisse Ihrer Arbeitsgruppe, um sie in der nächsten Sitzung des Aktionskomitees präsentieren zu können.[1]

Information

1. Sammeln Sie mit Karten Ideen ein

Schreib mal wieder.

Mit der Kartenabfrage können Sie auch in größeren Gruppen effektiv und zeitsparend eine Vielzahl von Ideen sammeln und ordnen.
Gleichzeitig verschafft Ihnen die Kartenabfrage eine gewisse Anonymität. Dies ist wichtig, wenn „heiße Eisen" angepackt werden oder wenn die Gruppenmitglieder verschiedenen Hierarchie-Ebenen angehören (z. B. Vorgesetzte und Mitarbeiter).

---

[1] Vgl. S. 30 ff.

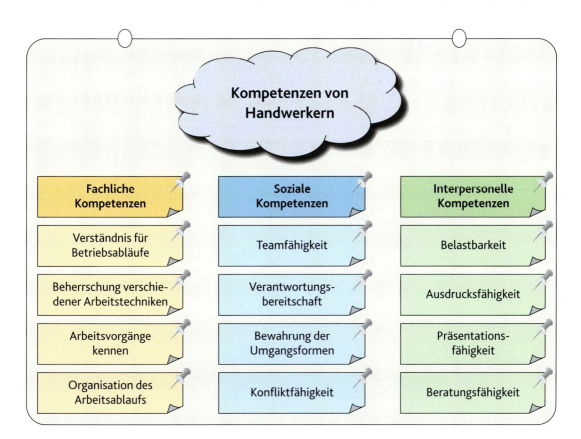

Ablauf der Kartenabfrage

	Arbeitsschritte	Erläuternde Hinweise
1.	Moderator und Teilnehmer formulieren gemeinsam eine zielgerichtete Leitfrage.	Gemeinsam achten alle Teilnehmer darauf, dass die Leitfrage präzise und problemorientiert ist. Von ihr hängt der Erfolg ab.
2.	Der Moderator fixiert die Leitfrage mit einer Wolkenkarte an der Pinnwand.	Alternativ kann der Moderator die Leitfrage auch auf die Pinnwand schreiben (große Schrift, einrahmen).
3.	Die Teilnehmer klären letzte Verständnisfragen zur Leitfrage.	Alle Teilnehmer müssen genaue Vorstellungen von der Aufgabe haben.
4.	Die Teilnehmer schreiben auf Rechteck-Karten ihre Ideen zur Leitfrage (Stillarbeitsphase von 15 bis 20 Minuten).	Wichtig: • Nur ein Begriff/eine Idee pro Karte • Große lesbare Schrift
5.	Der Moderator sammelt die Karten kontinuierlich ein und fixiert sie an der Pinnwand.	Zweck: Bereits gefundene Ideen lösen neue Gedanken aus.
6.	Die Teilnehmer sichten nach Abschluss der Ideenfindung das Gesamtergebnis.	Jeder Teilnehmer liest still die Karten oder der Moderator liest vor.

7.	Die Teilnehmer sortieren an der Pinnwand zusammengehörende Karten zu Kartengruppen und weisen übergeordnete Begriffe zu.	Es ist vorteilhaft, wenn genügend Pinnwände verfügbar sind. Jeder Teilnehmer darf sortieren, keine Karte darf jedoch überdeckt oder entfernt werden.
8.	Die Teilnehmer erstellen gemeinsam auf der Basis der übergeordneten Begriffe einen Themenspeicher und gewichten die Themen mit einer Punktabfrage.	Themenspeicher: Liste der Themen, die aus den übergeordneten Begriffen abgeleitet werden. Punktabfrage: Jeder Teilnehmer erhält drei Klebepunkte und markiert am Themenspeicher die für ihn wichtigen Themen.

Vorteile der Kartenabfrage
- Die Erfahrungen der Teilnehmer werden sichtbar gemacht.
- Sie eignet sich für anonyme Abfragen.
- Alle Teilnehmer sind beteiligt.

2. Suchen Sie mit der „6-3-5-Methode" gemeinsam nach Problemlösungen

Gemeinsam sind Sie ideenreich.

6 Teilnehmer – **3** Ideen – **5** Minuten:
Zu einem Begriff oder zur Lösung eines Problems notieren Sie in einer Gruppe von 6 Teilnehmern 3 Ideen innerhalb von 5 Minuten auf einem Formblatt.

Begriff/Problemstellung		
Idee 1	Idee 2	Idee 3
Erste Idee von Teilnehmer A	*Zweite Idee von Teilnehmer A*	*Dritte Idee von Teilnehmer A*
Erste Idee von Teilnehmer B	*Zweite Idee von Teilnehmer B*	*Dritte Idee von Teilnehmer B*
...	...	...
...	...	...

Ablauf der „6-3-5-Methode"
Jedes Mitglied Ihrer Gruppe erhält das obige Formular und trägt in der ersten Leerzeile nebeneinander seine ersten drei Ideen ein. Nach 5 Minuten werden die Blätter an den jeweils rechten Tischpartner weitergegeben. In dieser zweiten Runde trägt jeder 3 weitere Ideen in die zweite Zeile ein. Der Prozess wird so lange fortgesetzt, bis alle Formulare vollständig ausgefüllt sind.
Bei jedem Durchgang können Sie auf eine wachsende Anzahl von fremden Ideen als Anregung zurückgreifen. Dies hilft Ihnen bei der „Produktion" eigener neuer Ideen.
Gemeinsam mit den fünf anderen Teilnehmern sichten Sie die Ideen, die die Grundlage für die weitere Arbeit darstellen.

Vorteile der 6-3-5-Methode
- Im Idealfall werden in 30 Minuten 3 x 6 x 6, also 108 Ideen, hervorgebracht und schriftlich fixiert.

- Jeder Teilnehmer kann in Ruhe nachdenken und wird dennoch aktiv beteiligt.
- Aufgrund von Anregungen durch fremde Ideen werden Synergie-Effekte (= positives Zusammenwirken) wirksam.
- Bei der Methode unterbleibt eine Diskussion während der Ideenfindungs-Phase.

Natürlich kann die Methode auch abgewandelt werden, z. B. in eine 4-2-5-Methode.

3. Mind-mappen Sie mal wieder

Mind-Mapping schafft Übersicht und bringt Sie mit einfachen Mitteln auf neue Ideen.

Ablauf beim Mind-Mapping

Legen Sie ein unliniertes Blatt (mindestens Format DIN-A4) quer. Schreiben Sie in die Mitte des Blattes den zentralen Begriff, zu dem Sie Ideen suchen. Sie können Ihr Thema auch malen. Umkreisen Sie diesen Mittelpunkt Ihrer Überlegungen.

Ausgehend von Ihrem zentralen Begriff oder Bild zweigen Sie mehrere Linien ab. Auf jede Linie notieren Sie verbal und/oder bildlich Aspekte, die Sie aus Ihrem Thema ableiten. Überlegen Sie nicht lange, sondern schreiben Sie spontan auf, was Ihnen in den Sinn kommt.

Ausgehend von diesen Hauptästen fallen Ihnen dann wieder untergeordnete Gedanken ein, die Sie auf neue Nebenäste schreiben. Sie erkennen Zusammenhänge, Ihnen fallen vielleicht auch etwas abseitige Aspekte ein usw. So füllt sich nach und nach Ihr Blatt. Probieren Sie es einmal. Ihr erstes Mind-Map ist fertig, wenn Sie das Gefühl haben, Ihnen fällt nichts mehr ein oder Sie haben das Wichtigste notiert.

Mind-Mapping aktiviert ihr bildlich-räumliches Denken und ermöglicht Ihnen eine neue Sichtweise. Indem Sie Ihr Thema im wörtlichen Sinne „abbilden", können Sie es neu strukturieren. Sie können die wesentlichen Punkte herausarbeiten, neue Verbindungen herstellen und Nebenaspekte beleuchten. Da Mind-Maps eine offene Struktur haben, können sie ständig ergänzt werden.

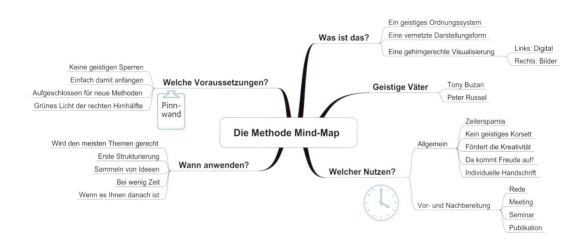

■ **MERKE:**

Beachten Sie sieben Grundregeln, wenn Sie Mind-mappen:

- Notieren Sie Ihren zentralen Begriff in der Blattmitte.
- Schreiben Sie alle Wörter deutlich lesbar. Das fördert die Übersichtlichkeit.
- Zeichnen Sie für jeden neuen Gedanken eine neue Linie.
- Beschriften Sie jede Linie nur mit einem Kerngedanken (stichwortartig).
- Fügen Sie, wenn möglich, auch Bilder und Symbole ein.
- Benutzen Sie Farben.
- Ignorieren Sie Ihr kontrolliertes Denken. Halten Sie möglichst alles fest, was Ihnen im Zusammenhang mit der Zentralidee in den Sinn kommt.

4. Spielen Sie mit Wörtern: das Akrostichon

Sie sollen die neuen Auszubildenden begrüßen und möchten den Begriff „Ausbildung" in den Mittelpunkt stellen. Ihr Problem: Es fällt Ihnen nichts ein.
Dann spielen Sie doch einmal mit dem Wort „Ausbildung" auf einem unlinierten Blatt (möglichst Format DIN-A4):
- Zerlegen Sie es in seine Bestandteile.
- Lassen Sie sich durch die einzelnen Buchstaben zu Ideen anregen, die in Verbindung zu Ihrem Zentralbegriff stehen.

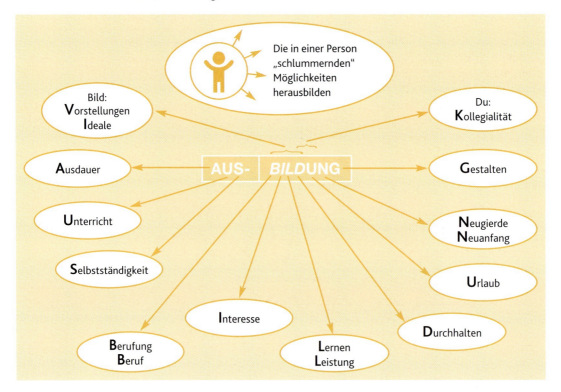

> *Training*

1. Sie sind zu einem Bewerbungsgespräch eingeladen (Vergabe eines Ausbildungsplatzes, Arbeitsstelle nach abgeschlossener Ausbildung, verantwortungsvollere Position nach abgeschlossener Weiterbildung). Viele Dinge sind bei der Vorbereitung zu beachten. Verschaffen Sie sich mithilfe eines Mind-Maps einen Überblick über das, was Sie alles organisieren müssen.

2. Ihre Lerngruppe hat sich auf folgende Unterrichtsthemen verständigt:
   a) Thema Subjektivität (Fach Deutsch/Kommunikation)
   b) Thema Gleichberechtigung (Fach Politik/Gesellschaftslehre)
   c) Thema Mobbing (Fach Politik/Gesellschaftslehre)
   d) Beliebiges Thema nach Ihrer Wahl.
   Führen Sie sich die Bedeutungsaspekte des jeweiligen Begriffs mithilfe eines Akrostichons vor Augen. Tauschen Sie Ihre Vorstellungen mit denen der anderen Teilnehmer aus und wählen Sie zu jedem Thema fünf zentrale Aspekte aus, die Schwerpunkt des Unterrichts sein sollen.

3. Führen Sie in Ihrer Lerngruppe eine Kartenabfrage zu folgender Leitfrage durch: Wie können wir den Service unseres Ausbildungsbetriebs für verschiedene Kundengruppen verbessern?

4. Im Deutschunterricht lesen Sie Kurzgeschichten. Wählen Sie in Ihrer Lerngruppe eine Kurzgeschichte aus. Lesen Sie den Text und sammeln Sie mithilfe einer Kartenabfrage Ideen zur Interpretation.

5. Mind-Maps haben eine offene Struktur und können ständig ergänzt werden. Sie eignen sich daher auch als Protokollierungstechnik, wenn Sie sich in Besprechungen Notizen machen oder bei/nach einem wichtigen Telefonat eine Gesprächsnotiz anlegen wollen.
   Fertigen Sie zu einem wichtigen Telefongespräch, das Sie an Ihrem Ausbildungsplatz im Betrieb geführt haben, eine Aktennotiz an. Setzen Sie ein Mind-Map als Protokollierungstechnik ein.

Hier können Sie sich weitergehend informieren: *Literatur*

Beyer, Maria: BrainLand. Mind Mapping in Aktion. Junfermann Verlag. 3. Auflage, Paderborn 2002. (ISBN 3-87387-101-7)

Brenner, Gerd: Kreatives Schreiben. Cornelsen Verlag. Frankfurt 2002. (ISBN 3-58920-998-4)

Czichos, Reiner: Creaktivität & Chaosmanagement. Ernst Reinhardt Verlag. 2. Auflage. München, Basel 2002. (ISBN 3-49701-290-4)

Kellner, Hedwig: Konferenzen, Sitzungen, Workshops effizient gestalten. Hanser Verlag. München 2000. (ISBN 3-446-21493-3)

Nöllke, Matthias: Kreativitätstechniken. Haufe Verlag. 4. Auflage. Planegg 2005. (ISBN 3-448-06430-0)

Software: Mindjet MindManager 6. Informationen unter: www.mindjet.com

3 „Das hör' ich mir nicht länger an!" Techniken der Visualisierung – Anschaulich präsentieren

Lernsituation

Im Unterrichtsfach „Politik/Gesellschaft" setzen Sie sich mit der gesetzlichen Sozialversicherung auseinander. Zur gesetzlichen Pflegeversicherung liegt Ihnen folgendes Informationsmaterial vor.

Die Pflegeversicherung – Ein Grundpfeiler der sozialen Sicherheit

Rentenversicherung, Krankenversicherung, Arbeitslosenversicherung und Pflegeversicherung sind die vier Eckpfeiler unseres sozialen Sicherungssystems. Im Jahr 2006 haben sie rund 466 Milliarden Euro ausgegeben. Die Beiträge für die soziale Sicherheit werden (bis zur sogenannten Beitragsbemessungsgrenze) vom Bruttolohn und -gehalt der Arbeitnehmer berechnet und summieren sich auf ca. 40 Prozent. Arbeitnehmer und Arbeitgeber tragen in der Regel diese Beiträge je zur Hälfte.

Mit der wachsenden Lebenserwartung der Menschen in Industrieländern steigt auch die Zahl derer, die wegen Altersgebrechen oder einer Krankheit der Pflege bedürfen. Allein im Jahr 2006 wurden in Deutschland 659.000 Menschen in Pflegeeinrichtungen vollstationär betreut. Ein Fünftel der Betreuten war schwerstpflegebedürftig. Sie sind der Pflegestufe III zugeordnet. Für ihre vollstationäre Pflege erhalten die Heime monatlich durchschnittlich 2.680 Euro. Über die Einordnung in eine Pflegestufe wird recht bürokratisch anhand mehrerer Faktoren entschieden. Eine Voraussetzung für Zahlungen der Pflegekassen ist, dass für mindestens sechs Monate Pflegebedarf besteht. Außerdem wird berechnet, wie viele Minuten täglich pflegerische Hilfen für Körperpflege, Toilettengänge, An- und Auskleiden, die Nahrungsaufnahme und die Begleitung zu diesen Tätigkeiten in Anspruch genommen werden müssen. Pflegestufe I erhalten Kranke und Behinderte, wenn zu ihrer Betreuung insgesamt mindestens 90 Minuten täglich aufgewendet werden müssen. Bei Stufe II sind es 180 Minuten, bei Stufe III mindestens 300 Minuten. Knapp die Hälfte der Betreuten in deutschen Pflegeheimen sind der Stufe II, ein Drittel der Stufe I zugeordnet. Die durchschnittlichen Kosten für die vollstationäre Dauerpflege in Stufe II betragen 2.250 Euro, in Stufe I immer noch 1.825 Euro. Fast 80 Prozent der Betreuten sind Frauen.

Wird die Pflegeversicherung bald selbst pflegebedürftig? Immerhin übersteigen die Ausgaben seit Jahren die Einnahmen. In 2007 erhalten 2.100.000 Empfänger Leistungen aus der sozialen Pflegeversicherung im Rahmen der ambulanten und stationären Pflege. Die Zahl der Leistungsempfänger steigt damit kontinuierlich an. Im Jahre 2001 waren es noch 1,3 Millionen, im Folgejahr schon 1,7 Millionen und in den Jahren 2003 und 2004 jeweils 1,8 Millionen. Parallel dazu explodieren die Ausgaben der Pflegeversicherung: von 5,0 Milliarden Euro in 2001 bis auf 17,7 Milliarden Euro in 2006. In den Jahren dazwischen lagen die Werte nacheinander bei 15,1 Mrd., 16,4 Mrd. und 16.9 Mrd.

Handlungsauftrag

1. Informieren Sie sich mithilfe des nachfolgenden Informationsteils über die Möglichkeiten der Visualisierung. Visualisieren Sie die obigen Informationen zur Pflegeversicherung. Setzen Sie dazu verschiedene Diagrammarten ein.
2. Sammeln Sie weitere Informationen zum Thema „Sozialversicherung". Greifen Sie für diese Recherche (Informationsbeschaffung) auf geeignete Lehrbücher, das Internet und auf andere Informationsquellen zurück. Bereiten Sie diese Informationen visuell auf. Entwerfen Sie dazu drei Folien bzw. Flipchart-Seiten.
3. Stellen Sie Ihre Visualisierungen den anderen Mitgliedern Ihrer Lerngruppe vor. Erläutern Sie dabei, warum Sie sich für bestimmte Gestaltungselemente und Medien entschieden haben.

Visualisieren – die Kommunikation mit Bildern

1. Warum Sie visualisieren müssen

Information

Visualisieren heißt, dass Sie Informationen bildlich darstellen. Sie bewirken dadurch verschiedene positive Effekte:

Positive Wirkungen der Visualisierung
- Ihre Zuhörer werden zu Zusehern. Sie nehmen visuell aufbereitetes Material in der Regel schneller und verständlicher auf als einen gesprochenen Text.
- Sie sorgen für Abwechslung, indem Sie auch den Sehsinn und nicht nur den Hörsinn ansprechen. Dadurch erhöhen Sie das Interesse und die Bereitschaft, Ihrem Vortrag gedanklich zu folgen.
- Sie sprechen mehrere Sinnesorgane an. Dadurch erhöhen Sie die Wahrscheinlichkeit, dass Ihr Publikum die dargebotenen Inhalte aufnimmt, verarbeitet und behält.
- Durch visuelle Medien wirkt Ihr Vortrag glaubwürdiger und besser vorbereitet. In der Folge gewinnen Sie an Überzeugungskraft.
- Die visuell dargebotenen Elemente dienen Ihnen selbst als Gedächtnisstütze und erleichtern Ihnen den freien Vortrag.

Wie soll jemand etwas „ein-sehen", wenn er nichts „sehen" kann?

Visualisieren ist kein Selbstzweck. Sie müssen sich deshalb die Frage stellen: „Welche Art der Visualisierung transportiert meine Information am besten?"

Beispiel:
Sachinformation:
Cola-Limonaden enthalten etwa 12 % Zucker.

Mögliche Visualisierungen:
- Alphabetische Liste der Inhaltsstoffe mit Prozentangaben (Zucker an letzter Stelle)
- Kreisdiagramm mit Zucker als der zweitgrößten Komponente nach Wasser
- Zeichnung eines pyramidenförmigen weißen Haufens auf einer Waage mit einem darin steckenden Schild „Zucker 12 %"
- Foto einer Hand, gehäuft voll mit zwei Dutzend Stück Würfelzucker, daneben eine 1-Liter-Flasche Cola

Visualisieren heißt, eine neue Sprache zu lernen.

Die Frage nach der besten Gestaltungsidee können Sie nicht absolut beantworten. Wählen Sie die Visualisierung, die am besten zu Ihrer Zielgruppe, Ihrem Ziel und den Umständen passt. Verschonen Sie Ihre Zuhörer aber mit einer Bilderflut. In der Regel sollten Sie für jeden Sinnabschnitt Ihrer Präsentation ein visuelles Element einsetzen.

2. Lernen Sie die Vielfalt der visuellen Gestaltungselemente kennen

Sie können auf vielfältige Gestaltungselemente zurückgreifen, um Informationen visuell darzustellen.

Liste als Textbild („Bullet-Chart") – Sie listen Informationen im Stichwortstil auf

■ **MERKE:**

Beachten Sie:
- Aufzählungszeichen am Zeilenanfang setzen
- Nur einen Gedanken pro Zeile aufführen
- Mit dem jeweils wichtigsten Begriff in jeder Zeile beginnen
- Überschrift klar formulieren und optisch hervorheben
- Lange Begriffe durch Bindestrich trennen
- Maximal sieben Gliederungspunkte auflisten
- Mindestens 5 mm Schriftgröße (Folien) oder 24 Punkt (PowerPoint-Folien) verwenden

Beispiel

So melden Sie Notfälle richtig!
- **Wer** meldet sich?
- **Wo** geschah es?
- **Was** geschah?
- **Wie** viele Personen sind betroffen?
- **Welche** Verletzungen liegen vor?
- **Warten** Sie auf Rückfragen.

Tabelle – Sie stellen Zahlenwerte übersichtlich in Zeilen und Spalten zusammen

Beschränkung macht den Meister.

■ **MERKE:**

Beachten Sie:
- Tabelle auf wesentliche Angaben beschränken, auf Detailangaben verzichten
- Zahlenangaben nach Möglichkeit auf „glatte" 10er-/100er-/1.000er-Werte runden
- Hohe Werte in Tausend-, Mio.- oder Mrd.-Einheiten angeben
- Gleichartige Daten untereinander in den Tabellenspalten anordnen
- Entscheidende Daten farblich hervorheben
- Für einen Leser gestaltete Tabellen aus Printmedien (z. B. Fachzeitschriften) für eine Präsentation nach obigen Gesichtspunkten aufbereiten

Beispiel

Ausgewählte Gesundheitsausgaben nach Leistungsarten in Mio. Euro			
	2005	2006	2007
Prävention/Gesundheitsschutz	10.300	10.700	11.000
Ärztliche Leistungen	59.800	61.000	62.200
Pflegerische/therapeutische Leistungen	51.900	53.900	54.700
Arzneimittel, Hilfsmittel, Zahnersatz	60.500	62.300	64.100
Verwaltung	11.900	12.600	13.200
Summe	**194.400**	**200.500**	**205.200**
Anteil am BIP in %	11,0	11,2	11,6

Strukturbild (Organigramm) – Sie verdeutlichen Zusammenhänge, Entwicklungen, Wirkungen

Übersicht schafft Einsicht!

■ **MERKE:**

Beachten Sie:
- Zusammenhänge, Wirkungen etc. durch entsprechende Anordnung der Begriffe sowie durch geeignete grafische Elemente (Symbole, Umrahmungen, Kreise, Ovale, Wolken, Unterstreichungen) und Verbindungslinien/Pfeile deutlich machen
- Farben und Linienarten/Linienstärken in angemessenem Umfang variieren
- Die natürliche Blickrichtung eines Betrachters beachten: von links nach rechts und von oben nach unten
- Strukturbilder nicht mit Informationen überladen
- Komplexe Strukturbilder schrittweise vor den Zuhörern entwickeln

Beispiel

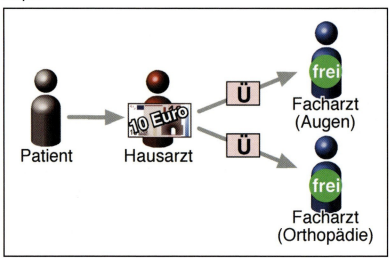

Nutzen Sie vor allem auch die verschiedenen Diagrammarten für Ihre Visualisierung. Sie können mit Ihnen Entwicklungen, Größenverhältnisse, Abweichungen und Verteilungen anschaulich darstellen. Verschaffen Sie sich aber zuerst Klarheit über Ihre beabsichtigte Aussage. Wählen Sie in Abhängigkeit davon die geeignete Diagrammart aus.

Kreisdiagramm – Sie wollen Anteile am Ganzen darstellen

■ **MERKE:**

Beachten Sie:
- Diagramm auf maximal sechs Sektoren beschränken
- Sektoren im Uhrzeigersinn nach Größe ordnen
- Sektoren deutlich voneinander trennen (z. B. unterschiedliche Farben)
- Aufeinander abgestimmte Farben verwenden (z. B. eine Grundfarbe in unterschiedlicher Tönung)
- Große Sektoren heller einfärben als die kleineren Teilmengen
- Sektoren bei Bedarf innerhalb oder außerhalb des Kreises beschriften

Beispiel

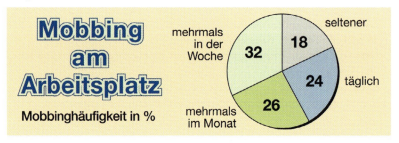

Balkendiagramm – Sie wollen Größen miteinander vergleichen und Unterschiede deutlich machen

■ **MERKE:**

Beachten Sie:
- Achsen zutreffend benennen
- Senkrechte Achse: zu vergleichenden Sachverhalt abbilden
- Waagerechte Achse: Zahlenwert abbilden
- Balken nach Länge von oben nach unten kürzer werdend ordnen
- Keine zu starken Hilfslinien einzeichnen
- Abstand zwischen den Balken angemessen gestalten

Beispiel

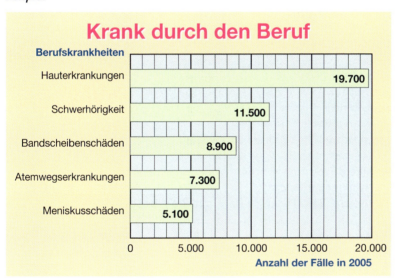

Säulendiagramm – Sie wollen die Entwicklung von Größen in aufeinanderfolgenden Zeiteinheiten darstellen

■ **MERKE:**

Beachten Sie:
- Achsen zutreffend benennen
- Senkrechte Achse: Zahlenwert abbilden
- Waagerechte Achse: Zeiteinheit abbilden
- Keine zu starken Hilfslinien einzeichnen
- Säulen bei Bedarf benennen, dabei senkrechte Beschriftung vermeiden
- Abstand zwischen den Säulen angemessen gestalten

Beispiel

Kurvendiagramm – Sie wollen Entwicklungen im Zeitablauf darstellen

■ MERKE:

Beachten Sie:
- Achsen zutreffend benennen
- Senkrechte Achse: Zahlenwert abbilden
- Waagerechte Achse: Zeitverlauf abbilden
- Mehrere Kurven in einem Diagramm deutlich abgrenzen (unterschiedliche Farben, Linienarten verwenden)
- Kurven bei Bedarf benennen, z. B. mithilfe einer Legende

Beispiel

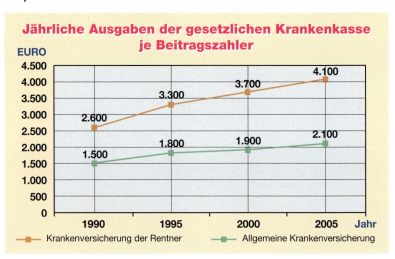

Als weitere visuelle Gestaltungselemente können Sie Zeichnungen, Pläne, Fotos, Symbole, freie Grafiken und u. a. einsetzen.

Zur Entwicklung von Visualisierungen auf Metaplanwänden (Pinnwänden) können Sie auf vorgefertigtes Moderationsmaterial zurückgreifen.

Auflockern tut gut!

3. Lernen Sie die Vielfalt der Medien kennen

Zur Übermittlung Ihrer visuellen Gestaltungselemente steht Ihnen eine Vielzahl von Medien zur Verfügung. Beachten Sie bei jedem Medieneinsatz folgende Grundregeln:

Mit visuellen Medien wirken Sie nicht nur sicherer – Sie sind es!

SETZEN SIE IHRE MEDIEN WIRKUNGSVOLL EIN.

- Stellen Sie im Vorfeld Ihrer Präsentation die räumlichen und technischen Voraussetzungen für Ihren Medieneinsatz sicher (Sitzordnung optimieren, Lichtverhältnisse prüfen, technischen Zustand der Medien und Stromversorgung kontrollieren u. a.).
- Ermöglichen Sie allen Zuhörern eine freie Sicht auf das Medium. Alle Gestaltungselemente müssen gut lesbar und erkennbar sein.
- Kündigen Sie einen Medieneinsatz (z. B. Folie) im Rahmen Ihres Vortrags jeweils kurz an.
- Geben Sie Ihren Zuhörern ausreichend Zeit zum Lesen bzw. Betrachten der visuell dargebotenen Informationen.
- Unterbrechen Sie dazu Ihre verbalen Ausführungen. Nur wenn Sie schweigen, können Ihre Zuhörer die visuellen Informationen in Ruhe auf sich wirken lassen.
- Halten Sie während Ihres Medieneinsatzes Blickkontakt zu Ihrem Publikum. Wenden Sie ihm nicht den Rücken zu.
- Bilden Sie zusammen mit dem Medium für Ihre Zuhörer eine „Einheit". D. h., stehen Sie nicht zu weit von Ihrem Medium entfernt. Vermeiden Sie unruhiges Hin- und-her-Gehen.

Machen Sie sich mit allen Medien vertraut! – Veranstalten Sie aber keine Multi-Media-Show

Die folgende Übersicht gibt Ihnen wichtige Gestaltungs- und Benutzungshinweise zu den wichtigsten Medien.

Medium	Medienspezifische Gestaltungshinweise	Einsatzmöglichkeiten/Benutzungshinweise
Meta-planwand	• Vorgefertigtes Moderationsmaterial (z. B. Wolken, Rechtecke, Kreise, Ovale) einsetzen • Farbige Stifte mit unterschiedlichen Schriftbreiten verwenden • Zentrale Aussagen (z. B. Überschriften) mittig positionieren • Grundsätze zur anschaulichen Gestaltung von Textelementen beachten	**Beim Vortrag:** Karten schrittweise dem Vortrag entsprechend anpinnen. Heften Sie zu jedem Kerngedanken eine passend beschriftete Karte an. Zum Schluss Ihres Vortrages muss sich ein Gesamtbild in Form eines Strukturbildes ergeben **Bei einer Kartenabfrage[1]:** Karten sammeln. Notieren Sie auf jeder Karte nur einen Aspekt. Nutzen Sie die Möglichkeit, die Karten zu ordnen, zu gruppieren oder zu verschieben **Zur Ergebnisdarstellung:** Geben Sie durch eine sinnvoll geordnete Ansammlung von beschrifteten Karten ein Gedankengerüst vor. Erläutern Sie nacheinander jede Karte. Entfernen Sie die Karte, wenn Sie die zugehörige Erläuterung abgeschlossen haben
Flipchart	• Farben und unterschiedliche Stiftbreiten zur Betonung einsetzen • Planen Sie die Raumaufteilung schon vorher. Vermeiden Sie, dass Ihnen beim Schreiben der Platz ausgeht • Symbole verwenden • Grundsätze zur anschaulichen Gestaltung von Textelementen beachten	**Beim Vortrag:** Max. 3 Flipchart-Seiten pro 15-Minuten-Vortrag einsetzen **Bei der Ergebnisdarstellung:** Möglichst nur eine Seite pro Arbeitsauftrag beschriften **Bei Lernplakaten:** Unterrichtsergebnisse, die längerfristig sichtbar bleiben sollen, fixieren **Spontanmedium:** Halten Sie Fragen, Ergebnisse und Kommentare z. B. einer Diskussion fest, die sich an Ihren Vortrag anschließt. Sprechen Sie dabei nicht weiter, wenn Sie schreiben. Lassen Sie dem Publikum Zeit, ein neu notiertes Element zur Kenntnis zu nehmen. Geben Sie bei Bedarf weiterführende Erläuterungen

---

[1] Vgl. S. 24 ff.

Medium	Medienspezifische Gestaltungshinweise	Einsatzmöglichkeiten/Benutzungshinweise
Overhead-projektor	• Vergleiche Medium Folie	**Beim Vortrag:** • Lichtverhältnisse beachten (Projektion ist in zu hellen Räumen nicht lesbar) • Projektor nur einschalten, wenn er gebraucht wird • Zum Publikum, nicht zum Projektor oder zur Projektionswand sprechen • Den freien Blick des Publikums auf die Projektionswand nicht behindern • Stellen Sie sich so, dass sich der Projektor auf Ihrer **rechten Seite** befindet. Sie haben dann den besten Zugriff auf die Projektionsfläche
Folie	• Max. 7 Informationen je Folie präsentieren • Auf Stichworte beschränken • Symbole, Bilder, Grafiken einsetzen • Wasserfeste Folienstifte bevorzugen • Bei DTP-Programmen, z. B. Power-Point, Folie farblich gestalten • Grundsätze zur anschaulichen Gestaltung von Textelementen beachten	**Beim Vortrag:** • Folien schrittweise aufdecken • Dabei: Abdeckblatt unter die Folie legen, damit der Folieninhalt für den Vortragenden sichtbar bleibt • Während des Vortrags wichtige Stellen auf der Folie markieren und/oder Informationen ergänzen • Heben Sie Einzelelemente einer Folie hervor, indem Sie Zeigehilfen (Stift, spezieller Folienzeiger) an die entsprechende Stelle legen. Zeigen Sie nicht zur Projektionsfläche an der Wand • Lesen Sie Textelemente Ihrer Folie nicht vor. Geben Sie bei Bedarf eher weitergehende Erläuterungen/Erklärungen zum Inhalt der Folie • Setzen Sie nicht zu viele und zu schnell wechselnde Folien ein. Denken Sie an die Grundregel: pro Sinnabschnitt/Kerngedanke ein visuelles Element
Video	Bei der Auswahl auf gestalterische Qualität achten	**Beim Vortrag:** • Vorführzeit begrenzen (Faustregel: 1/3 Videozeit und 2/3 Vortragszeit) • Funktionsweise des Gerätes vorher testen
Laptop/Notebook/Beamer	Vielfältige Gestaltungsmöglichkeiten der Programme nutzen	**Beim Vortrag:** Vortrag durch Effekte und Darstellungen kontinuierlich begleiten. Verzichten Sie allerdings auf störende „Spielereien", z. B. buchstabenweises Einblenden von Textelementen, ständig wechselnden Folienübergang, Unterlegung des Folienübergangs mit wechselnden Tönen

Mit all diesen visuellen Medien sprechen Sie den Sehsinn Ihres Publikums an. Darüber hinaus können Sie bei Bedarf auch auf Medien zurückgreifen, die weitere Sinne ansprechen:
• Auditive Medien (Hörsinn): Kassette, CD
• Audiovisuelle Medien: Film, Video, DVD
• Haptische Medien (Tastsinn): Modelle, Muster, Proben

Training

1. Sie sollen einen Fachvortrag über ein Thema Ihrer Wahl halten (z. B. moderne Entsorgungsverfahren). Diesen Fachvortrag wollen Sie visuell unterstützen. Gestalten Sie für diese Präsentation drei Medien Ihrer Wahl (Folien, Flipchart-Seite, Pinnwand). Setzen Sie dabei verschiedene Gestaltungselemente ein (Textlisten, Tabellen, Strukturbilder, Diagramme).

2.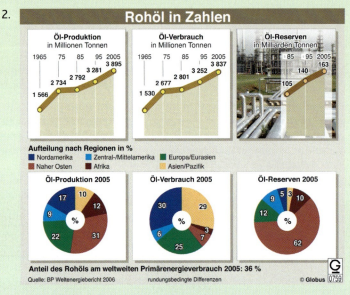

   a) Die obige Graphik enthält zwei Diagrammarten. Erläutern Sie am Beispiel dieser Diagramme, worauf bei der Gestaltung dieser Diagrammarten zu achten ist.
   b) Verfassen Sie einen Kurzbericht, in dem Sie die Informationen der Graphik zusammenfassen.

3. Tabellen sind ein wichtiges visuelles Gestaltungselement.
   a) Ist die folgende Tabelle als visuelles Element im Rahmen eines Kurzvortrages geeignet? Begründen Sie Ihre Entscheidung.
   b) Überarbeiten Sie bei Bedarf diese Tabelle.

Existenzgründungen			
	2005	2006	2007
Existenzgründer	294.352	326.853	344.231
Anteile der Sparten in %	Büro, EDV, Marketing: 21,85	Dienstleistung: 55,47	Handel: 23,86
Anteile von Männern und Frauen in %	Männer: 63,4	Frauen: 37,6	

4.

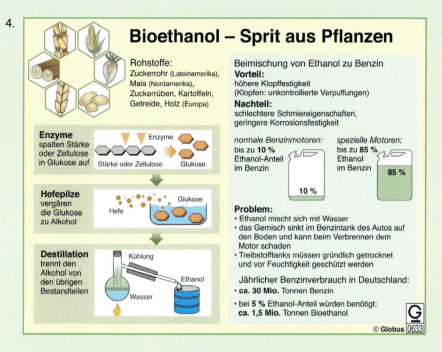

a) Erklären Sie am Beispiel der obigen Abbildung, was unter einem Strukturbild zu verstehen ist.
b) Beurteilen Sie, ob das obige Strukturbild zur Visualisierung im Rahmen eines Referates geeignet ist. Begründen Sie Ihre Entscheidung.

5. Ein häufig eingesetztes Medium zur Visualisierung sind Folien in Verbindung mit einem Overheadprojektor oder einem Laptop/Beamer. Nennen Sie je fünf Aspekte, auf die man bei der Gestaltung und Präsentation dieser Folien achten muss.

Hier können Sie sich weitergehend informieren: *Literatur*

Seifert, Josef W.: Visualisieren Präsentieren Moderieren. Gabal Verlag. 16. Auflage. Offenbach 2001. (ISBN 3-930799-00-6)

Nöllke, Claudia: Präsentieren. Rudolf Haufe Verlag, 2002. (ISBN 3-448049-88-3)

4 „Mir verschlägt es die Sprache." Monologische Formen der mündlichen Kommunikation

Auch Ihre „Mini-Rede" muss bewusst gestaltet werden.

„Wann werde ich in meinem Leben schon einmal eine Rede halten müssen? – Vielleicht nie."

Bedenken Sie aber: Nicht nur für die große Rede, sondern für jede bedeutsame Aussage in einem Gespräch oder für jeden (längeren) Wortbeitrag in einer Verhandlung benötigen Sie rhetorische Fähigkeiten.

Die in diesem Kapitel enthaltenen Informationen und Trainingseinheiten machen Sie für Ihre Vorträge fit, wenn Sie zukünftig in privaten und beruflichen Situationen (z. B. Fachpräsentationen in der praktischen (Gesellen-)Prüfung) das Wort ergreifen müssen.

4.1 Vorbereiten auf das freie Sprechen

4.1.1 Sie lesen einen Text sinngebend vor

Lernsituation

Als Sprecherin der Jugend- und Auszubildendenvertretung müssen Sie den Auszubildenden nachstehende Hausmitteilung der Geschäftsleitung vorlesen.

We keep power under control.

Memo

An/To: **Jugend- und Auszubildendenvertretung**
cc:
Von/From: **Abteilung Ausbildung und Personalentwicklung**
Datum/Date: **12. August**

Zu Beginn des neuen Schuljahres ist es wiederholt zu Missverständnissen hinsichtlich der Frage gekommen, ob Auszubildende nach der Berufsschule im Betrieb zur Ausbildung erscheinen müssen. Bitte informieren Sie deshalb alle Auszubildenden über die folgenden rechtlichen Bestimmungen.

Die Berufsschulpflicht, die Freistellung der Auszubildenden für die Teilnahme am Berufsschulunterricht, die Beschäftigung von Auszubildenden vor und nach dem Berufsschulunterricht sowie die Anrechnung der Unterrichtszeit auf die Arbeitszeit sind im § 38 des Schulgesetzes für das Land Nordrhein-Westfalen (Schulgesetz NRW-SchulG), im § 15 des Berufsbildungsgesetzes (BBiG) und im § 9 des Gesetzes zum Schutz der arbeitenden Jugend (Jugendarbeitsschutzgesetz – JArbSchG) verbindlich geregelt.
Mit der Beendigung der zehnjährigen Vollzeitschulpflicht beginnt die Berufsschulpflicht. Jugendliche und Erwachsene sind in der Regel berufsschulpflichtig, solange ein Berufsausbildungsverhältnis besteht, das vor Vollendung des einundzwanzigsten Lebensjahres begonnen worden ist. Diese Voraussetzung ist bei allen Auszubildenden in unserem Hause erfüllt, so dass auch alle Auszubildenden bis zum Ende ihrer Ausbildung berufsschulpflichtig sind.

Es ist selbstverständlich, dass die Moeller GmbH ihre berufsschulpflichtigen Auszubildenden für die Teilnahme am Berufsschulunterricht freistellt. Alle Abteilungen, die entsprechend des betrieblichen Ausbildungsplans Auszubildende betreuen, werden von der Abteilung „Ausbildung und Personalentwicklung" unverzüglich über die jeweils aktuellen Unterrichtstage und -zeiten informiert.

Im Hinblick auf die Frage, ob nach dem Berufsschulunterricht noch eine Beschäftigung im Betrieb zulässig ist, muss zwischen jugendlichen und erwachsenen Auszubildenden unterschieden werden, wobei Jugendlicher im Sinne dieser Vorschriften ist, wer noch nicht 18 Jahre alt ist.

Jugendliche Auszubildende dürfen an einem Berufsschultag mit mehr als fünf Unterrichtsstunden von mindestens je 45 Minuten nicht mehr im Betrieb beschäftigt werden, wobei dies allerdings nur einmal in der Woche gilt. Im laufenden Schuljahr sind damit alle jugendlichen Auszubildenden des ersten und zweiten Ausbildungsjahres am Dienstag von der betrieblichen Ausbildung nach der Berufsschule befreit. Dieser Berufsschultag wird mit acht Stunden auf die Arbeitszeit angerechnet. Am Donnerstag müssen jedoch auch die jugendlichen Auszubildenden nach Unterrichtsschluss die Ausbildung im Betrieb fortsetzen. Gemäß den gesetzlichen Bestimmungen ist an diesem Tag nur die Unterrichtszeit einschließlich der Pausen auf die Arbeitszeit anzurechnen. Für erwachsene Auszubildende, und das sind zurzeit alle Auszubildenden des dritten Ausbildungsjahres, gelten die zuvor genannten Bestimmungen nicht. Die volljährigen Auszubildenden müssen nach Beendigung des Berufsschulunterrichts unverzüglich im Betrieb erscheinen und ihre Tätigkeit aufnehmen, wobei nur die reine Unterrichtszeit in der Berufsschule auf die Arbeitszeit angerechnet werden kann.

Bitte beachten Sie zukünftig diese Vorschriften.

gez. Hartmann

„Mir verschlägt es die Sprache." – Monologische Formen der mündlichen Kommunikation

Handlungsauftrag

1. Lesen Sie Ihrer Lerngruppe den Text vor.
2. Bitten Sie die Mitglieder Ihrer Lerngruppe um ein erstes Feedback in Hinblick auf den Lesevortrag.[1] Fragen Sie, was positiv aufgefallen ist, bitten Sie aber auch um Verbesserungsvorschläge (Lautstärke, Verständlichkeit, Sprechgeschwindigkeit, Mimik, Gestik u. a.).
Hinweis zum Feedback: Die Feedback-Geber müssen ihre Aussagen als „Ich-Botschaften" formulieren. Sie sagen also, wie sie den Vortrag wahrgenommen haben, und nicht, was der Vorleser falsch gemacht hat, z. B. „Monika hat so leise gesprochen, dass ich einige Wörter nicht hören konnte." Sie vermeiden damit, dass der Vorleser sich persönlich angegriffen fühlt.[2]
3. Informieren Sie sich anhand der folgenden Erläuterungen über wichtige Aspekte, die beim Vortragen eines Textes zu beachten sind.
4. Wiederholen Sie in Ihrer Lerngruppe das Vorlesen von geeigneten Texten. Geben Sie in einem Auswertungsgespräch dem jeweiligen Vorleser ein fundiertes Feedback. Beziehen Sie sich dabei auf die im Informationsteil angeführten Aspekte.

Information

1. Warum Sie das Vorlesen vor einer Gruppe üben sollten

Trainieren Sie durch Vorlesen Grundtechniken für die freie Rede.

Das Vorlesen eines Textes vor einer Gruppe ist eine wichtige Vorübung zur freien Rede. Sie trainieren damit Grundtechniken, die Sie gerade bei der freien Rede beherrschen müssen. Beim Vorlesen können Sie sich auf diese Techniken konzentrieren. Sie werden nicht durch weitere Anforderungen, wie sie beim freien Vortrag gegeben sind (Aufbau und inhaltliche Gestaltung des Redetextes, Manuskript-Handling u. a.) belastet. Außerdem bauen Sie mit dieser Übung eventuell vorhandene Redeangst ab.

2. Darauf müssen Sie beim Vorlesen achten

Beginn

Atmen ist mehr als Luft holen.

Beginnen Sie nicht, bevor die Zuhörer aufmerksam sind. Nehmen Sie sich dann noch circa zwei Sekunden Zeit, um sich zu sammeln.
Wichtig:
Atmen Sie tief aus (nicht einatmen, dies folgt zwangsläufig), das Atmen befreit und verhindert Verspannungen, Sie atmen praktisch Ihre Aufregung aus.

Kopfhaltung

Bewahren Sie die richtige Kopfhaltung.

Blicken Sie geradeaus. Neigen Sie Ihren Kopf nicht nach unten auf den Text, sonst kann sich Ihr Kehlkopf nicht mehr frei bewegen. Ähnlich problematisch ist auch ein Überstrecken des Kopfes in den Nacken.

Blickkontakt

Behalten Sie Ihre Zuhörer im Auge.

Stellen Sie Blickkontakt zu Ihren Zuhörern her. Signalisieren Sie Ihnen dadurch, dass der Kontakt mit ihnen für Sie wichtig ist.

---

[1] Vgl. S. 21
[2] Vgl. S. 112

Lesetechnik

Als Anfänger haben Sie häufig Angst, sich zu verlesen oder durch Aufblicken die Textstelle zu verlieren. Deshalb sollten Sie eine bestimmte Lesetechnik trainieren. Sie besteht darin, dass Sie mit Ihren Augen im Text vorauseilen. Die Textstelle, die Sie visuell erfassen, liegt vor der, die Sie aktuell aussprechen. Je weiter Ihre Augen voraus sind, umso mehr Zeit haben Sie, sich auf die Aussprache schwieriger Passagen vorzubereiten. Sie vermeiden dadurch Lesefehler, stellen eine sinnentsprechende Betonung sicher und können vom Text „absehen" und Blickkontakt halten. Dies alles verleiht Ihnen größere Sicherheit.

Eilen Sie mit den Augen im Text voraus.

Körperhaltung

Stehen Sie gerade. Verlagern Sie Ihr Gewicht gleichmäßig auf beide Füße. Jede Fehlhaltung, z. B. Kreuzen der Beine, kann die Aufmerksamkeit Ihrer Zuhörer ablenken.

Entspannen Sie auch Ihren Körper.

Gestik und Mimik[1]

Unterstützen Sie mit sparsamer Gestik den vorgelesenen Text. Auch ihr Gesichtsausdruck muss mit den Inhalten übereinstimmen (körpersprachliche Kongruenz). Drücken Sie die im Text angelegten Emotionen aus.

Nur eine fröhliche Miene passt zu einer frohen Botschaft.

Atmung

Finden Sie schnell Ihren gewohnten Atem-Rhythmus. Ansonsten werden Sie kurzatmig, Ihnen fehlt die Luft zum Reden. Sie sprechen unter Umständen undeutlich, stockend oder zu leise.

Ruhiges Atmen verschafft die Luft zum Reden.

Aussprache

Erleichtern Sie mit einer deutlichen Aussprache dem Zuhörer das Verständnis. Wenn er sich weniger auf das akustische Verstehen der Wörter konzentrieren muss, kann er sich intensiver den Inhalten zuwenden.

Trainieren Sie bei Bedarf mit Artikulationsübungen Ihre Aussprache.

Stimmvariation

Passen Sie Ihre Stimmlage, Sprechgeschwindigkeit und Lautstärke dem Text, den Zuhörern und der Situation an. Variieren Sie dabei auch angemessen, um ein monotones Vorlesen zu vermeiden. Setzen Sie durch Sprechpausen Akzente (Wirkungs- und Spannungspausen).

Stimme: Abwechslung tut gut.

---

[1] Vgl. S. 13 ff.

Emotionalität

Bringen Sie Emotionen zum Ausdruck.

Drücken Sie die im Text angelegten Emotionen durch eine angemessene Gestik, Mimik und Stimmvariation aus. Sie wirken umso glaubwürdiger, je besser Ihnen dies gelingt.

Training

1. Üben Sie die Bauch- und Flankenatmung. Sie erweitert Ihr Lungenvolumen beträchtlich. Legen Sie sich auf eine flache, feste Unterlage (Tisch, Fußboden), platzieren Sie ein Buch auf Ihrem Bauch und atmen Sie dieses Buch „hoch". Sie atmen richtig, wenn sich das Buch deutlich hebt.

2. Üben Sie Ihre Aussprache/Sprechfertigkeit mit den nachfolgenden „Zungenbrechern". Beginnen Sie mit den Übungen langsam und konzentriert:
   - Messwechsel – Wachsmaske
   - Brautkleid bleibt Brautkleid, und Blaukraut bleibt Blaukraut
   - Früh in der Frische fischt Fischers Fritze frische Fische; frische Fische fischt Fischers Fritze früh in der Frische.
   - She sells sea-shells on the sea-shore; the shells, she sells, are sea-shells, I'm sure. So if she sells sea-shells on the sea-shore, then, I'm sure, she sells sea-shore-shells.

3. Sie können Ihre Aussprache auch mit der sogenannten Flüsterübung trainieren. Denn beim Flüstern müssen Sie besonders deutlich sprechen, damit Sie verstanden werden.
   Bitten Sie einen Trainingspartner, sich in drei Meter Entfernung von Ihnen hinzusetzen. Lesen Sie einen Text flüsternd vor. Wenn Ihr Partner Sie noch versteht, sprechen Sie deutlich.
   Geeignete Übungstexte enthalten die „Heyschen Sprechübungen" (siehe Literatur), eine Textsammlung, die auch in der Schauspieler-Ausbildung eingesetzt wird.

4. Eine weitere Aussprache-Übung besteht darin, dass Sie von einem Korken eine Scheibe abschneiden. Klemmen Sie dieses Korkenstück zwischen Ihre Vorderzähne und lesen Sie Ihren Text überdeutlich vor. Trainieren Sie so lange, bis nicht mehr zu hören ist, ob Sie mit oder ohne Korken sprechen.

5. Sprechen Sie einen beliebigen Satz mit wechselndem Gefühlsausdruck (ernst, traurig, heiter, als Werbung, phlegmatisch, gelangweilt u. a.).
   z. B.: „Also lautet ein Beschluss, dass der Mensch was lernen muss."

Literatur

Hier können Sie sich weitergehend informieren:

Coblenzer, Horst/Muhar, Franz: Atem und Stimme. öbvhpt Verlagsges. Wien 2006. (ISBN 3-215-02040-8)

Reusch, Fritz: Der kleine Hey. Die Kunst des Sprechens. 51. Auflage. Schott Verlag. Mainz 2004. (ISBN 3-7957-8702-5)

4.1.2 Sie halten eine Stegreif-Rede

Lernsituation

Sie sind Teilnehmer an einem Rhetorik-Seminar. Die Trainerin möchte mit Ihnen die Trainingseinheit „Stegreif-Rede" durchführen.
Sie fordert Sie auf, sich über Sinn und Zweck der Übung zu informieren.

Handlungsauftrag

1. Informieren Sie sich mithilfe der folgenden Erläuterungen über die Trainingseinheit „Stegreif-Rede".
2. Führen Sie in Ihrer Lerngruppe diese Übung abwechselnd durch.

1. Erst denken, dann reden – stimmt das?

Information

Die Basis-Qualifikation eines guten Redners ist seine Fähigkeit zum „Sprech-Denken". Unter „Sprech-Denken" ist lautes Nachdenken zu verstehen. Während Sie denken, sprechen Sie das Gedachte gleichzeitig aus.

„Laut-Denken" müsste man können.

Testen und trainieren Sie regelmäßig Ihre Fähigkeit zur Stegreif-Rede.

Die Fähigkeit, sich spontan zu einem Stichwort zu äußern, ist nicht nur für den freien Vortrag wichtig. Jeder Gesprächsbeitrag, den Sie z. B. in eine Diskussion oder Verhandlung einbringen, stellt eine Mini-Rede dar. Und wie oft wird Ihnen in beruflichen und privaten Alltagsgesprächen nicht eine Frage gestellt, über die Sie erst nachdenken müssen? Die Bewältigung all dieser Situationen wird Ihnen rhetorisch besser gelingen, wenn Sie darin trainiert sind, Ihre Gedanken „sprech-denkend" frei zu entfalten.

Deshalb ist es wichtig, dass Sie diese Fähigkeit immer wieder trainieren, wenn Sie in allen Lebenslagen rhetorisch geübt sein wollen. Sie werden feststellen: Es lohnt sich.

2. Trainingsmodul Stegreif-Rede – so funktioniert es

■ **MERKE:**

Material:
- Ca. 30 Karteikarten (z. B. DIN-A7-Format) mit je einem beliebigen Stichwort beschriftet (z. B. Freundschaft, Erfolg, Spiegel, Versteck)
- Stoppuhr

Ablauf:
- Redezeit in der Lerngruppe zuvor verabreden (mindestens eine Minute, höchstens drei Minuten)
- Redezeit exakt einhalten; Trainer gibt kurz vor Ablauf der Redezeit (ca. 15 Sekunden) ein Signal
- Teilnehmer zieht verdeckt eine beliebige Karteikarte und übergibt diese dem Trainer, ohne das Stichwort gelesen zu haben
- Trainer nennt laut das Stichwort und startet die Stoppuhr
- Teilnehmer beginnt sofort mit der Stegreif-Rede zu dem genannten Stichwort

Bedingung:
- Redner muss ununterbrochen sprechen
- Mit dem Satz „Ich komme im Moment nicht weiter" überbrückt der Redner Lücken im Redefluss; gegebenenfalls wiederholt er ihn mehrfach

3. Trainieren Sie regelmäßig Stegreif-Reden

Wiederholung macht den Meister.

Haben Sie schon einmal über folgendes Phänomen nachgedacht?
Je öfter Sie eine Aussage (z. B. Konzept- oder Planvorstellung im Kundengespräch) in der Vergangenheit getroffen haben, umso souveräner und perfekter können Sie diese Aussage in einer neuen Kommunikationssituation formulieren.

Die Erklärung liefert die moderne Gehirnforschung. Sie hat nachgewiesen, dass unser Gehirn nach einem Grundsatz arbeitet, der für jede Verkehrsplanung selbstverständlich ist. Nur wenn ein Verkehrsweg regelmäßig und intensiv frequentiert wird, lohnt sein Ausbau.

Jeder neue Gedanke muss sich einen ersten Weg durch den Dschungel der Nervenzellen in unserem Gehirn bahnen. Wird dieser Gedanke in der Folge immer wieder gedacht und die angelegte Nervenbahn genutzt, so baut das Gehirn den schmalen, unwegsamen Pfad kontinuierlich aus. Wird der Gedanke auch noch regelmäßig ausgesprochen, so verstärkt sich dieser Prozess, weil durch das Sprechen wesentlich mehr Nervenareale aktiviert werden. Aus dem Pfad wird ein Weg, dann eine Straße und letztlich eine Autobahn. Auf dieser Datenautobahn kann unser Gedanke dahinrasen, es fällt uns leicht, ihn auszudrücken, die Formulierungen „fliegen uns nur so zu".

Sie können diesen Zusammenhang leicht überprüfen. Halten Sie zu einem beliebigen Stichwort eine Stegreif-Rede von einer Minute. Wiederholen Sie diese Rede mehrmals hintereinander. Sie werden feststellen, dass Sie ein immer besserer Redner werden.

Die Konsequenzen für Ihr Redetraining sind offensichtlich:
Sie müssen Ihr Training so aufbauen, dass Sie die Gedanken Ihrer Rede immer wieder sprech-denkend frei formulieren. Nur dann wird die Datenautobahn in Ihrem Gehirn ausgebaut, auf der Ihnen später vor Ihrem Publikum die Ideen und Formulierungen „zufliegen" können.

Reden lernt man nur durch Reden.

Wenn Sie nicht laut sprechen können (wollen), praktizieren Sie ein mentales „Sprech-Denken-Training". Bei einem solchen mentalen Vortrag sprechen Sie Ihren Text mit Zungen- und Kehlkopfbewegungen, nur Sie geben keinen Ton von sich. Dieses „Still-Reden" fördert den Ausbau Ihrer „Datenautobahnen" genauso wie lautes Sprechen.

Auch mentales Sprech-Denken-Training fördert den Ausbau von „Datenautobahnen" im Gehirn.

Training

Trainieren Sie Stegreif-Reden zu mehreren Stichwörtern.
– Schlagen Sie in einem Buch oder in einer Zeitschrift eine beliebige Seite auf. Ermitteln Sie auf dieser Seite das erste und letzte Nomen. Halten Sie eine Stegreif-Rede, in der Sie diese beiden Begriffe thematisch miteinander verbinden.
– Erhöhen Sie den Schwierigkeitsgrad. Bestimmen Sie durch Würfeln die Anzahl der Stichwörter. Schlagen Sie willkürlich in einem Buch die entsprechende Anzahl von Seiten auf. Entnehmen Sie jeder Seite das erste Nomen als Stichwort. Reden Sie spontan zu diesen Begriffen, wobei Sie sie aber thematisch miteinander verknüpfen müssen.

Literatur

Hier können Sie sich weitergehend informieren:

Berchem, Frank: Gehirn-Jogging. Mosaik bei Goldmann Verlag. München 1995. (ISBN 3-442-13842-6)

Birkenbihl, Vera F.: Rhetorik. Redetraining für jeden Anlass. Besser reden, verhandeln, diskutieren. 8. Auflage. Ariston Verlag. München 2002. (ISBN 3-7205-2299-7)

4.2 Konzipieren einer Präsentation

4.2.1 Sie legen systematisch die Grundlagen

Die folgende Übersicht verdeutlicht die zentralen Arbeitsschritte, die Sie systematisch durchlaufen sollten.

Nr.	Planungsschritt	Erläuterung
1.	Legen Sie das Ziel Ihres Vortrags fest.	Schreiben Sie sich einen präzisen Zielsatz auf, z. B.: **Meine Zuhörer sollen wissen, dass ...** oder **Ich will meine Zuhörer davon überzeugen, dass ...**
2.	Werden Sie sich über Ihr Publikum klar.	• Was erwarten die Zuhörer von meiner Präsentation? • Welche Bedürfnisse, Hoffnungen, Interessen, Ängste und Fragen verbinden die Zuhörer mit dem Thema meines Vortrags? • Welche Vorkenntnisse, Erfahrungen kann ich voraussetzen? • Welche Ausdrucksweise hilft meinen Zuhörern am ehesten meinen Vortrag zu verstehen? Insbesondere, ist der Einsatz einer Fachsprache möglich oder sogar erforderlich? • u. a.
3.	Sammeln Sie Stoff. Berücksichtigen Sie dabei Ihre Zielsetzung und Ihr Publikum.	• z. B.: Fakten, Argumente, Beispiele, Zitate, Einwände, Widerlegungen, Witze, Anekdoten • Nutzen Sie verschiedene Stoffsammlungstechniken.[1] • Greifen Sie bei Ihrer Recherche auf alle verfügbaren Informationsquellen zurück (Fachbücher, Lehrbücher, Fachzeitschriften, Internet u. a.) • Beginnen Sie mit diesem Planungsschritt nicht zu spät. Oft kommen die besten Einfälle nach und nach im Alltag, wenn Sie gedanklich gar nicht mit dem Vortrag beschäftigt sind. Stellen Sie sicher, dass Sie sich diese spontanen Ideen immer sofort notieren können.
4.	Gliedern Sie den Stoff.	• Ordnen Sie Ihren Stoff systematisch unter verschiedenen Inhaltsaspekten. • Greifen Sie dazu – wenn es sich anbietet – auf ein Grundmodell zurück (z. B. Drei-Zeiten-Schema).[2]
5.	Notieren Sie Möglichkeiten der Visualisierung.	• Braucht meine Präsentation eine visuelle Unterstützung? • Welche Bilder, Gegenstände, Graphiken eignen sich zur Visualisierung? • Welche Medien benötige ich zur Visualisierung? (z. B. Overheadprojektor, Flipchart, Beamer)[3]

---

[1] Vgl. S. 24 ff.
[2] Vgl. S. 53
[3] Vgl. S. 38 f.

4.2.2 Sie „spinnen" einen „roten Faden"

Lernsituation

Im Rahmen einer Betriebsbesichtigung besucht eine Schülergruppe (Alter: 17 bis 19 Jahre, 10 Schülerinnen, 8 Schüler, 1 Lehrerin) die Unternehmung, in der Sie beschäftigt sind. Sie haben den Auftrag, die Besucher zu begrüßen. In Ihrer fünfminütigen Begrüßungsrede sollen Sie Ihr Unternehmen kurz vorstellen sowie die Gruppe auf die Führung vorbereiten und einstimmen.
Auf eine ausführliche Beschreibung des Produktionsprozesses ist zu verzichten. Sie erfolgt im Rahmen der Besichtigung mithilfe eines Video-Films.

Handlungsauftrag

Informieren Sie sich mithilfe der folgenden Erläuterungen über die inhaltliche Planung eines Vortrags. Entwerfen Sie dann in Stichworten ein gegliedertes Redekonzept für Ihre Begrüßungsrede.

Information

1. Beachten Sie die Aufteilung in „Einleitung – Hauptteil – Schluss"

Nur eine schlüssige und nachvollziehbare Abfolge von Sinneinheiten vermittelt Ihren Zuhörern das Gefühl, Sie verstanden zu haben. Dann ist gewährleistet, dass Sie Ihr Ziel (Überzeugung, Information, Unterhaltung) erreichen. Deshalb muss Ihre Rede klar gegliedert sein.

Wichtig:
klare Gliederung

1.1 Wecken Sie das Interesse der Zuhörer durch einen effektvollen Beginn

„Fallen Sie nicht mit der Tür ins Haus".

Ihr Beginn entscheidet schon über Erfolg oder Misserfolg. In der Einleitung muss es Ihnen gelingen, die Aufmerksamkeit der Zuhörer zu gewinnen. Verschiedene Gestaltungsmöglichkeiten stehen wahlweise oder kombiniert für einen effektvollen Anfang zur Verfügung. Selbstverständlich müssen Sie dabei immer einen Bezug zum Thema herstellen und Ihre Einleitung auf den Anlass Ihrer Präsentation abstimmen.

1. Kurze Storys oder Zitate

„Packen" Sie Ihre Zuhörer mit einer kurzen Story oder einem Zitat.

Tragen Sie lebendig ein persönliches Erlebnis, eine originelle Geschichte, einen amüsanten Witz, eine geistreiche Anekdote oder ein anschauliches Gleichnis vor. Solche Storys sprechen Kopf und Gefühl an, sind leicht verständlich und gut zu merken. Oder beginnen Sie mit einem treffenden Zitat einer bekannten Persönlichkeit.[1]

2. Überraschungseffekte

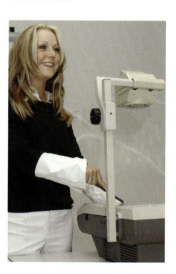

„Schocken" Sie Ihr Publikum mit einem Überraschungseffekt.

Verblüffen Sie Ihr Publikum mit der Präsentation eines Gegenstandes bzw. Bildes oder provozieren Sie es, indem Sie Altbekanntes aus einer völlig neuen Perspektive schildern (Verfremdungseffekt).

3. Echte und rhetorische Fragen

Gewinnen Sie durch Fragen die Aufmerksamkeit Ihres Auditoriums.

Konfrontieren Sie Ihr Auditorium mit einer unerwarteten Frage, z. B. „Wissen Sie eigentlich, was sich heute vor zehn Jahren ereignet hat?" Diese Frage können Sie sowohl als echte als auch als rhetorische Frage stellen. Im ersten Fall geben Sie mehreren Zuhörern tatsächlich die Möglichkeit zu antworten, bevor Sie bei Bedarf selbst die erwartete Antwort geben. Bei einer rhetorischen Frage erwarten Sie dagegen keine Antwort, sondern sprechen nach einer kleinen Pause selbst weiter. Mithilfe von Nachschlagewerken können Sie sich über historische Ereignisse am Tag ihrer Rede informieren.[2]

Für welche Variante Sie sich auch immer entscheiden, für jede Einleitung gilt:

> ■ **MERKE:**
>
> - Anschaulich und lebendig reden
> - Schnell zur Sache kommen
> - Sich nicht für irgendetwas entschuldigen
> - Zum Hauptteil überleiten (Gliederung des Hauptteils stichwortartig vorstellen, z. B. „In meinem Fachvortrag werde ich folgende Aspekte ausführen: erstens …")

---

[1] Siehe Literaturhinweise am Ende dieses Kapitels
[2] Siehe Literaturhinweise am Ende dieses Kapitels

1.2 Legen Sie ein Strukturschema für den Hauptteil fest

Mit einem Vortrag können Sie unterschiedliche Ziele verfolgen. Es kann sein, dass Sie in erster Linie informieren, überzeugen oder unterhalten wollen. In Abhängigkeit von Ihrer Intention dominieren im Hauptteil die Darstellung von Fakten, die Ausführung von Argumenten usw.

In allen Fällen muss es Ihnen gelingen, Ihre Gedanken zu systematisieren. Bei einer Fachpräsentation wird sich diese Gliederung in Abhängigkeit von den inhaltlichen Schwerpunkten des Projektthemas ergeben.

Unabhängig davon stehen aber auch verschiedene Grundschemata für die Strukturierung zur Verfügung. Diese allgemeinen Grundgliederungen sind auf nahezu alle konkreten Themenstellungen übertragbar. Insbesondere wenn Sie in erster Linie über Fakten informieren oder Entwicklungen beschreiben wollen, bieten sich drei Modelle an.

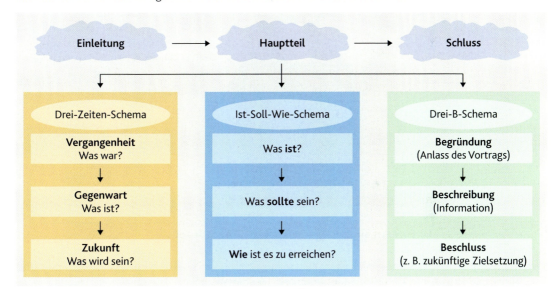

1.3 Ende gut – alles gut: Setzen Sie einen markanten Schlusspunkt

„Eine Rede ist wie eine Liebesaffäre: Jeder Dummkopf kann sie beginnen; sie zu beenden erfordert jedoch einige Geschicklichkeit."

(Lord Mancroft)

Der letzte Eindruck bleibt in der Erinnerung Ihrer Zuhörer haften.

Auch bei einem Vortrag werden erste Eindrücke von nachfolgenden überlagert. Ein wirkungsvoller Abschluss ist deshalb genauso bedeutsam wie eine effektvolle Einleitung. Vereinfacht gilt:

Der Schluss eines Vortrags muss merk-würdig sein.

Auf diese Weise bringen Sie im Schlussabschnitt Ihre Botschaft am besten ins Ziel:

1. **Frischen Sie die Aufmerksamkeit Ihres Publikums auf**

Machen Sie es neugierig auf Ihren Schluss. Setzen Sie dazu die bekannten effektvollen Mittel ein (persönliches Erlebnis, originelle Geschichte, amüsanter Witz, geistreiche Anekdote, Präsentation eines Bildes oder Gegenstandes, Verfremdungseffekt u. a.).

2. **Rufen Sie kurz und prägnant Ihre Kerngedanken in Erinnerung**

Beschränken Sie sich aber auf die Nennung der Schlüsselbegriffe (z. B. zentrale Argumente, Informationen) und vermeiden Sie eine erneute Erläuterung. Verwenden Sie dieselben Begriffe wie im Hauptteil. Der Wiedererkennungseffekt seitens der Zuhörer trägt mit dazu bei, dass diese sich mit Ihren Aussagen identifizieren.

3. **Fordern Sie zum (gedanklichen) Handeln auf**

Den Schlussappell einprägsam und effektvoll herausstellen

Der Schlussappell ist Ihre letzte Möglichkeit, Ihr Publikum zu beeinflussen. Formulieren Sie einen prägnanten, einfachen, einprägsamen Satz, den die Zuhörer leicht behalten können und der lange nachwirkt.
Sollte ein unmittelbarer Appell nicht zum Thema bzw. zur Zielsetzung Ihres Vortrags passen, dann geben Sie einen optimistischen Ausblick in die Zukunft oder motivieren Sie zum zukünftigen Handeln.

4. **Verstärken Sie die Wirkung des Schlussabschnittes durch rhetorische Mittel und/oder nutzen Sie die Möglichkeiten der Visualisierung**

Heben Sie den Schluss deutlich ab. Legen Sie dazu eine kurze Sprechpause ein und nehmen Sie bewusst Blickkontakt zum Publikum auf. Wechseln Sie die Lautstärke, die Tonlage oder die Sprechgeschwindigkeit. Präsentieren Sie Ihren Appell gegebenenfalls parallel auf einem zweiten Kanal (Folie auflegen/einblenden, Flipchart-Seite aufklappen u. a.).[1]

---

[1] Vgl. S. 38 f.

4 | „Mir verschlägt es die Sprache." – Monologische Formen der mündlichen Kommunikation

Training

Entwerfen Sie eine stichwortartige Gliederung für einen Vortrag zu einem der folgenden Themen oder zu einem von Ihnen gewählten Projektthema (Prüfungsvorbereitung).

Themenvorschläge:
1. Als Schülersprecher halten Sie vor der Schülerversammlung einen Vortrag zur Unterstützung der Aktion „Saubere Schule".
2. Als Mitglied der Jugend- und Auszubildendenvertretung präsentieren Sie auf einer Ausbildungsmesse Ihren Ausbildungsberuf.

Unterstützen Sie den Prozess Ihrer Stoffsammlung durch geeignete Kreativ-Techniken[1].
Beachten Sie insbesondere auch folgende Aspekte:
- Welche Grundgedanken und Inhalte eignen sich für eine effektvolle Einleitung und einen einprägsamen Schluss?
- Mit welchen Medien kann ich meine Ausführungen visualisieren?

Hier können Sie sich weitergehend informieren:

Literatur

Harenberg. Lexikon der Sprichwörter und Zitate. Harenberg Verlag. Dortmund 1997 (ISBN 3-411-76122-9)

Vielfältige Ideen und Anregungen für die effektvolle Ausgestaltung Ihrer Präsentation mit Zitaten, Anekdoten, historischen Bezügen u. a. finden Sie auch im Internet. Die folgenden Adressen sind nur beispielhaft, weitere können problemlos mit einer Suchmaschine ermittelt werden.

http://www.weltchronik.de/kalenderblatt/heute.htm
http://www.kalenderblatt.de
http://www.wissen.de
http://www.zitate.de
http://www.zitate.net
http://www.aphorismen.de
http://www.zitate-welt.de

[1] Vgl. S. 24 ff.

4.2.3 Sie gestalten Ihren Vortrag professionell

Lernsituation

Ratschläge für einen schlechten Redner

Kurt Tucholsky

Fang nie mit dem Anfang an, sondern immer drei Meilen vor dem Anfang! Etwa so: „Meine Damen und meine Herren! Bevor ich zum Thema des heutigen Abends komme, lassen Sie mich Ihnen kurz ..."
Hier hast Du schon so ziemlich alles, was einen schönen Anfang ausmacht: eine steife Anrede; der Anfang vor dem Anfang; die Ankündigung, dass und was Du zu sprechen beabsichtigst, und das Wörtchen kurz. So gewinnst Du im Nu die Herzen und die Ohren der Zuhörer.
Denn das hat der Zuhörer gern: dass er deine Rede wie ein schweres Schulpensum aufbekommt; dass Du mit dem drohst, was Du sagen wirst, sagst und schon gesagt hast. Immer schön umständlich.
Sprich nicht frei – das macht einen so unruhigen Eindruck. Am besten ist es: Du liest Deine Rede ab. Das ist sicher, zuverlässig, auch freut es jedermann, wenn der lesende Redner nach jedem viertel Satz misstrauisch hochblickt, ob auch noch alle da sind.
Wenn Du gar nicht hören kannst, was man Dir so freundlich rät, und Du willst durchaus und durchum frei sprechen ... Du Laie! Du lächerlicher Cicero[1]! Nimm Dir doch ein Beispiel an unsern professionellen Rednern, an den Reichstagsabgeordneten – hast Du die schon mal frei sprechen hören? Die schreiben sich sicherlich zu Hause auf, wann sie „Hört! Hört!" rufen ... ja, also wenn Du denn frei sprechen musst:
Sprich, wie Du schreibst. Und ich weiß, wie Du schreibst.
Sprich mit langen, langen Sätzen – solchen, bei denen Du, der Du Dich zu Hause, wo Du ja die Ruhe, deren Du so sehr benötigst, deiner Kinder ungeachtet, hast, vorbereitest, genau weißt, wie das Ende ist, die Nebensätze schön ineinandergeschachtelt, sodass der Hörer, ungeduldig auf seinem Sitz hin und her träumend, sich in einem Kolleg wähnend, in dem er früher so gern geschlummert hat, auf das Ende solcher Periode wartet ... nun, ich habe Dir eben ein Beispiel gegeben. So musst Du sprechen.
Fang immer bei den alten Römern an und gib stets, wovon Du auch sprichst, die geschichtlichen Hintergründe der Sache. Das ist nicht nur deutsch – das tun alle Brillenmenschen. Ich habe einmal in der Sorbonne einen chinesischen Studenten sprechen hören, der sprach glatt und gut französisch, aber er begann zu allgemeiner Freude so: „Lassen Sie mich Ihnen in aller Kürze die Entwicklungsgeschichte meiner chinesischen Heimat seit dem Jahre 2000 vor Christi Geburt ..." Er blickte ganz erstaunt auf, weil die Leute so lachten.
So musst Du das auch machen. Du hast ganz recht: man versteht es ja sonst nicht, wer kann denn das alles verstehen, ohne die geschichtlichen Hintergründe ... sehr richtig! Die Leute sind doch nicht in Deinen Vortrag gekommen, um lebendiges Leben zu hören, sondern das, was sie auch in den Büchern nachschlagen können ... sehr richtig! Immer gib ihm Historie, immer gib ihm.
Kümmere Dich nicht darum, ob die Wellen, die von Dir ins Publikum laufen, auch

---

[1] Marcus Tullius Cicero, berühmter Redner des alten Rom (106–43 v. Chr.)

zurückkommen – das sind Kinkerlitzchen. Sprich unbekümmert um die Wirkung, um die Leute, um die Luft im Saale; immer sprich, mein Guter. Gott wird es Dir lohnen.
Du musst alles in die Nebensätze legen. Sag nie: „Die Steuern sind zu hoch." Das ist zu einfach. Sag: „Ich möchte zu dem, was ich soeben gesagt habe, noch kurz bemerken, dass mir die Steuern bei weitem ..." So heißt das.
Trink den Leuten ab und zu ein Glas Wasser vor – man sieht das gern.
Wenn Du einen Witz machst, lach vorher, damit man weiß, wo die Pointe ist.
Eine Rede ist, wie könnte es anders sein, ein Monolog.
Weil doch nur einer spricht. Du brauchst auch nach vierzehn Jahren öffentlicher Rednerei noch nicht zu wissen, dass eine Rede nicht nur ein Dialog, sondern ein Orchesterstück ist: eine stumme Masse spricht nämlich ununterbrochen mit. Und das musst Du hören. Nein, das brauchst Du nicht zu hören. Sprich nur, lies nur, donnere nur, geschichtele nur.

Zu dem, was ich soeben über die Technik der Rede gesagt habe, möchte ich noch kurz bemerken, dass viel Statistik eine Rede immer sehr hebt. Das beruhigt ungemein, und da jeder imstande ist, zehn verschiedene Zahlen mühelos zu behalten, so macht das viel Spaß.
Kündige den Schluss deiner Rede lange vorher an, damit die Hörer vor Freude nicht einen Schlaganfall bekommen. (Paul Lindau hat einmal einen dieser gefürchteten Hochzeitstoaste so angefangen: „Ich komme zum Schluss.") Kündige den Schluss an und dann beginne deine Rede von vorn und rede noch eine halbe Stunde. Dies kann man mehrere Male wiederholen.
Du musst dir nicht nur eine Disposition machen, Du musst sie den Leuten auch vortragen – das würzt die Rede.
Sprich nie unter anderthalb Stunden, sonst lohnt es gar nicht erst anzufangen.
Wenn einer spricht, müssen die andern zuhören – das ist Deine Gelegenheit! Missbrauche sie.

Kurt Tucholsky: Ausgewählte Werke. Bd. 1. Reinbek: Rowohlt 1965. S. 187–189

Handlungsauftrag

1. Lesen Sie den obigen Text den anderen Mitgliedern Ihrer Lerngruppe laut vor. Beachten Sie dabei die Anforderungen an ein rhetorisch geschultes Lesen. Informieren Sie sich bei Bedarf vorab über die Technik des Vorlesens.[1]
2. Woran erkennen Sie, dass dieser Text ironisch gemeint ist? Leiten Sie aus dem Text ernst gemeinte Ratschläge für einen guten Vortrag ab.
3. Informieren Sie sich mithilfe des folgenden Informationsteils über Anforderungen an die Ausgestaltung einer Präsentation. Weisen Sie nach, dass diese Grundsätze auch in dem Tucholsky-Text thematisiert werden.

[1] Vgl. S. 42 ff.

4. Beantworten Sie für Ihr Gliederungskonzept „Begrüßungsrede"[1] folgende Fragen:
- Ist mein Stichwortkonzept mit zu vielen Informationen überladen?
- Sind in meiner Rede „Erholungspausen" für das Publikum erforderlich? Wenn ja, an welchen Stellen in meinem Konzept bieten sich Zusammenfassungen, Wiederholungen an?
- Mit welchen Beispielen kann ich abstrakte Sachverhalte veranschaulichen?
- Mit welchen Techniken werde ich die einzelnen Abschnitte meiner Rede sprachlich verknüpfen?

Information

Beachten Sie zehn Ratschläge für einen guten Vortrag

■ **MERKE:**

„Wer so spricht, dass er verstanden wird, spricht immer gut." (Molière)

Eine gute Rednerin ...

- präsentiert nicht länger als 15 Minuten.
- beschränkt sich auf ca. drei Kerngedanken.
- entwickelt ihre Gedanken übersichtlich und prägnant.
- baut kurze Wiederholungen, Zusammenfassungen, Beispiele ein.
- präsentiert anschaulich, nicht abstrakt.
- führt mit ihren Zuhörern einen fiktiven Dialog.
- „geleitet" ihre Zuhörer mittels Überleitungen entlang der Gliederung Ihrer Präsentation.
- bevorzugt den Kurz-Satz-Stil.
- trifft die Sprache ihrer Zuhörer.
- visualisiert ihre Aussagen.

1. Zeit ist Geld: Stehlen Sie Ihren Zuhörern nicht kostbare Zeit

Über alles darf man reden, nur nicht über 15 Minuten.

Halten Sie die vereinbarte Präsentationszeit unbedingt ein. Nur wenige können länger als 20 Minuten konzentriert zuhören. Niemand erwartet, dass in einem Vortrag alles gesagt wird. Beschränken Sie sich daher.

---

[1] Vgl. S. 51

2. Weniger ist oft mehr: Überfordern Sie nicht das Gedächtnis Ihrer Zuhörer

Der Hauptteil Ihres Vortrags sollte höchstens drei bis vier Kerngedanken (Informationen, Aspekte, Argumente) umfassen. Beschränken Sie sich, auch wenn Sie mehr wissen. Ansonsten überstrapazieren Sie die Gedächtnisleistung Ihres Publikums.

Je mehr man sagt, desto mehr ist es nichts.
(Sulamith Sparre)

3. Tragen Sie Ihre Gedanken prägnant und präzise vor

In allen Medien geht der Trend zur knappen, schlaglichtartigen Darstellungsweise. Sie können sich über diese Entwicklung in den Lese-, Seh- und Hörgewohnheiten nicht hinwegsetzen. Präsentieren Sie Ihre Überlegungen ebenfalls kurz und präzise. Verweisen Sie zur weitergehenden Information gegebenenfalls auf Quellentexte und Fachliteratur.

Wie es das Zeichen großer Köpfe ist, viel mit wenigen Worten zu sagen, ist es das Zeichen kleiner, viel zu reden und nichts zu sagen.
(La Rochefoucauld)

4. „Erschlagen" Sie Ihr Publikum nicht, gönnen Sie ihm Erholungspausen

Überfordern Sie Ihre Zuhörer nicht mit einer ununterbrochenen Abfolge von aktuellen Fakten und schlagkräftigen Argumenten. Man braucht Phasen, in denen man neue Informationen verarbeiten kann. Achten Sie deshalb auf einen ausgewogenen Wechsel zwischen Höhepunkten und Ausruhphasen (kurze Wiederholungen, Zusammenfassungen, veranschaulichende Beispiele u. a.).

Eine gute Rede soll das Thema erschöpfen, nicht die Zuhörer.
(Winston S. Churchill)

5. Reden Sie „an-schaulich", nicht abstrakt.

Arbeiten Sie mit Beispielen und Vergleichen, die möglichst aus der Erfahrungs- oder Vorstellungswelt Ihrer Zuhörer stammen. Konkretisierungen machen einen abstrakten Sachverhalt begreifbar und erhöhen die Überzeugungskraft.

Um sich begreiflich zu machen, muss man zum Auge reden.
(Johann Gottfried von Herder)

Abstrakte Darstellungsweise	Konkrete Darstellungsweise
Die Kürzung der Lohnfortzahlung im Krankheitsfall ist sozial unausgewogen. Kranke Arbeitnehmer bzw. Arbeitnehmerinnen werden zusätzlich einer materiellen Belastung ausgesetzt und geraten in eine existenzielle Notlage.	Die Kürzung der Lohnfortzahlung im Krankheitsfall ist sozial unausgewogen. Da ist die krebskranke alleinerziehende Mutter, die sich einer schweren Operation und anstrengenden Nachbehandlung unterziehen muss. Sie erhält nur noch 80 % ihres letzten Nettogehaltes. Und, meine Damen und Herren, deren Miete, Versicherungsbeiträge, Ausgaben für den Lebensunterhalt und für das Kind usw., verringern die sich etwa auch um 20 %?

6. Halten Sie Kontakt mit Ihrem Publikum

Führen Sie über (rhetorische) Fragen einen (fiktiven) Dialog mit Ihrem Publikum.

Sprechen Sie Ihr Publikum schon in der Einleitung an. Halten Sie diese Verbindung aufrecht, indem Sie es immer wieder in Ihre Gedanken mit einbeziehen. Stellen Sie dazu rhetorische oder auch echte Fragen an Ihre Zuhörer. Oder bauen Sie entgegengesetzte Auffassungen in Ihre Rede ein, z. B. „Da gibt es Leute, die meinen, dass …", „Manch einer ist vielleicht der Ansicht, dass …"

7. Stellen Sie zwischen den Sinnabschnitten und Kerngedanken sprachliche Verbindungen her

„Nehmen Sie Ihre Zuhörer an die Hand" und leiten Sie sie durch Ihre Präsentation.

Setzen Sie dazu abwechselnd folgende Überleitungs-Techniken ein:
- Stellen Sie am Ende eines Abschnittes eine rhetorische Frage, z. B. „Zu welchen Konsequenzen kann nun diese Entscheidung führen?"
- Wiederholen Sie zu Beginn eines neuen Absatzes den vorangegangenen zentralen Schlüsselbegriff, z. B. „Aber nicht nur die *Entwicklung neuer Techniken* ist wichtig. Genauso bedeutsam ist die Sicherung der vorhandenen technischen Möglichkeiten."
- Weisen Sie ausdrücklich auf den Übergang zum nächsten Gliederungspunkt hin, z. B. „Ich komme zum inhaltlichen Schwerpunkt meines Vortrags: Verbindung alter mit neuen Techniken."
- Benutzen Sie typische Überleitungswörter, z. B. des Weiteren, außerdem, dagegen.

8. Bevorzugen Sie einen einfachen Satzbau

Bevorzugen Sie einen Kurz-Satz-Stil, aber übertreiben Sie es nicht.

Einfach aufgebaute, kurze Sätze sind in der Regel verständlicher. Sie sollten deshalb bevorzugt überschaubare Hauptsätze und einfache Satzgefüge (Verbindung von Haupt- und Nebensatz) einsetzen. Das heißt aber nicht, dass in Ihrem Vortrag nicht auch komplexere Satzstrukturen vorkommen dürfen. Variieren Sie deshalb im Satzbau. Wichtig ist nur, dass längere Sätze in ihrem Aufbau noch verständlich sind.

9. Orientieren Sie sich bei Ihrer Wortwahl an der Sprache Ihrer Zuhörer

Sprechen Sie die Sprache Ihrer Zuhörer.

Ein Leser kann bei Verständnisschwierigkeiten zurückblättern, einen komplizierten Satz noch einmal lesen, einen unbekannten Begriff nachschlagen. Der Zuhörer hat diese Eingriffsmöglichkeiten nicht. Achten Sie bei der Wortwahl deshalb darauf, dass Sie eine Sprache sprechen, die Ihre Zuhörer auf Anhieb verstehen. Setzen Sie Fremdwörter und fachsprachliche Formulierungen nur ein, wenn sie allgemein verständlich sind oder wenn Ihr Fachpublikum dies von Ihnen erwartet.

10. Nutzen Sie die Möglichkeiten der Visualisierung[1]

Führen Sie Ihren Zuhörern das Wesentliche auch „vor Augen".

Was man hört und sieht behält man besser. Präsentieren Sie entscheidende Aspekte Ihres Vortrags (z. B. Gliederung, Kernaussagen, Hauptargumente, Zahlenmaterial, Appell) auch visuell. Setzen Sie dazu geeignete Medien ein (z. B. Overheadprojektor, Flipchart, Pinnwand, Beamer).

---

[1] Vgl. S. 30 ff.

> *Training*

1. Test – Wie trainiert ist Ihr Gedächtnis?
   Das Gedächtnis Ihrer Zuhörer ist unterschiedlich trainiert. Deshalb sollten Sie sich als Vortragende auf drei bis vier Hauptgedanken beschränken. Mit folgender Trainingsaufgabe können Sie Ihre eigene Gedächtnisleistung überprüfen.
   Schauen Sie sich im Fernsehen eine Hauptnachrichtensendung (z. B. Tagesschau, heute) an und zeichnen Sie sie ggf. mit einem Recorder auf. Zählen Sie unmittelbar nach der Sendung stichwortartig die übermittelten Nachrichten auf. Vergleichen Sie mithilfe der Aufzeichnung, wie viele Nachrichten Sie behalten haben.

   Das Gedächtnis ist ein sonderbares Sieb: Es behält alles Gute von uns und alles Üble von den anderen.

2. In einem Fachvortrag über die Staatsverschuldung präsentiert die Vortragende in der Einleitung eine Folie mit der folgenden Zahl. Sie fordert ihre Zuhörer auf, diese Zahl vorzulesen. Nach freiwilliger Meldung erhalten einige Personen aus dem Publikum die Möglichkeit, laut vorzulesen.

   > 1.653.288.743.281

   Im weiteren Verlauf ihrer Rede konfrontiert Sie das Publikum mit einer echten Frage: „Die Staatsschulden in der Bundesrepublik Deutschland betragen ca. 1,6 Billionen Euro. Wie viel Euro hätte man nach Ihrer Vermutung seit der Geburt Jesu jeden Monat auf ein Sparbuch einzahlen müssen, um heute über diesen Betrag einschließlich Zinsen und Zinseszinsen (Zinssatz 8 %) verfügen zu können?"
   Welche der oben erläuterten Ratschläge für einen guten Vortrag beachtet die Rednerin? Welche Wirkung erzielt sie damit bei ihren Zuhörern? Entwerfen Sie für andere abstrakte Sachverhalte ähnliche Strategien.

3. Erklären Sie, welche Anforderungen an eine professionelle Vortragsgestaltung in den folgenden Zitaten und Aussagen deutlich gemacht werden sollen. Tauschen Sie Ihre Gedanken mit den anderen in Ihrer Lerngruppe aus.
   a) Über alles darf man reden, nur nicht über zehn Minuten.
   b) Ein Vortrag ist wie eine Liebesaffäre: Jeder Dummkopf kann ihn beginnen; ihn zu beenden erfordert jedoch einige Geschicklichkeit. (Lord Mancroft)
   c) Wie soll jemand etwas „ein-sehen", wenn er nichts sehen kann?
   d) Entschuldige, dass ich dir so einen langen Brief schreibe, aber ich hatte leider keine Zeit.
   e) In der Beschränkung zeigt sich der Meister.
   f) Je mehr man sagt, desto mehr ist es nichts. (Sulamith Sparre)
   g) Wie es das Zeichen großer Köpfe ist, viel mit wenigen Worten zu sagen, ist es das Zeichen kleiner, viel zu reden und nichts zu sagen. (La Rochefoucauld)

Hier können Sie sich weitergehend informieren:

> *Literatur*

Krieger, Paul/Hantschel, Hans-Jürgen: Praxis-Handbuch Rhetorik. Bassermann Verlag. München 2005. (ISBN 978-3-8094-1676-0)

4.2.4 Sie entwerfen Stichwort-Karten als Manuskript

Handlungsauftrag

1. Lesen Sie sich den folgenden Text <u>einmal</u> konzentriert durch. Schlagen Sie dann das Buch zu und wiederholen Sie diesen Text aus dem Gedächtnis.

> Zweibein sitzt auf Dreibein, hält Einbein. Kommt Vierbein, nimmt Zweibein Einbein weg. Nimmt Zweibein Dreibein, schlägt Vierbein mit Dreibein. Hat Zweibein Einbein wieder.

2. Stellen Sie sich zum obigen Text folgende Geschichte vor:
Ein Mensch (Zweibein) sitzt auf einem dreibeinigen Schemel (Dreibein) und hält ein Hühnerbein (Einbein) in der Hand. Da kommt ein Hund (Vierbein) angelaufen und schnappt dem Menschen den Knochen weg. Verärgert nimmt der Mensch den Schemel, schlägt den Hund damit und hat den Knochen zurück.
Versuchen Sie mit dieser Gedächtnisstütze erneut, den obigen Text auswendig wiederzugeben.
3. Informieren Sie sich mithilfe des folgenden Informationsteils über die sogenannte „bildhafte Assoziation" und das Stichwort-Karten-Manuskript. Fertigen Sie mit diesem Wissen ein Stichwort-Karten-Manuskript für Ihre „Begrüßungsrede"[1] an.
4. Zahlreiche Redner neigen dazu, ihren Vortrag im genauen Wortlaut aufzuschreiben und diese Niederschrift als Redemanuskript zu benutzen. Welche Nachteile und Gefahren sind mit einem ausformulierten Manuskript verbunden?

Information

1. **Erhöhen Sie Ihr Erinnerungsvermögen durch „bildhafte Assoziationen"**

Konnten auch Sie den relativ verwirrenden Text über „Einbein und Vierbein" problemlos aus dem Gedächtnis wiedergeben, nachdem Sie sich die Bildgeschichte vorgestellt hatten?
Die Erklärung liefert die moderne Gehirnforschung. Man kann sich neue Informationen (Fakten, gedankliche Zusammenhänge) besser merken, wenn man sie gedanklich mit bildhaften Gegenständen assoziiert, d. h. verknüpft.

Bauen Sie sich eine Abfolge bildhafter „Eselsbrücken". Dann verlieren Sie nicht den „Faden".

Jeder Vortrag setzt sich aus einer Reihe von Gedankenfolgen (Fakten, Argumente, Beispiele, Beschreibungen u. a.) zusammen. Gerade in der Stress-Situation der Präsentation besteht die Gefahr, dass Sie den Überblick, den „Faden" verlieren. Vermeiden Sie dieses Risiko, indem Sie die aufeinanderfolgenden Kerngedanken Ihres Vortrags an Bildern (vertrauten Gegenständen) aufhängen. Wenn Sie dann Ihr Thema vortragen, rufen Sie sich diese Bildfolge in Erinnerung und lassen sich dadurch von einem zum anderen Aspekt Ihrer Präsentation führen.

---

[1] Vgl. S. 51

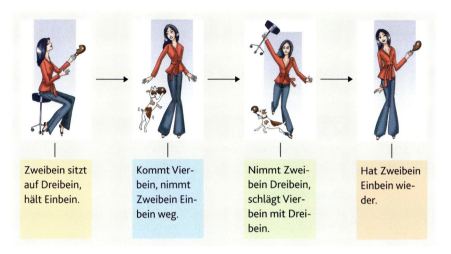

Nutzen Sie diese Technik bei der Gestaltung Ihres Stichwort-Karten-Manuskripts.

2. Sie stützen Ihr Gedächtnis mit Stichwort-Karten

Ihr Manuskript ist während des Vortrags Ihr wichtigstes Hilfsmittel. Eine bewährte Vorgehensweise ist es, sich von aufeinanderfolgenden Stichwortkarten durch seine Präsentation führen zu lassen.

Legen Sie zu jedem Kerngedanken (Einleitung, einzelne Informationen, Hauptaspekte bzw. Argumente des Hauptteils, Schluss) eine Karte im DIN-A6-Format (Postkartengröße) an. Überschreiben Sie jede Karte mit einem Schlüsselbegriff, der den Inhalt dieses Redeabschnitts zusammenfasst. Vermerken Sie darunter stichwortartig weitere Informationen, die sich als Gedächtnisstütze eignen, z. B. Beispiele, zentrale Begriffe. Notieren Sie auch den Wortlaut von Zitaten, die Sie vorlesen wollen. Nummerieren Sie die Karten, damit Sie die richtige Reihenfolge immer wieder herstellen können.

Greifen Sie bei der Ausgestaltung Ihrer Manuskript-Karten auch auf die Technik der Bild-Assoziation zurück. D. h., halten Sie wichtige Inhalte in Form von bildhaften Symbolen fest.

Wichtig ist, dass die Stichwort-Karten übersichtlich bleiben. Steht zu viel auf einer Karte, verwirren die Notizen.

Fixieren Sie die Kerngedanken Ihrer Rede auf Stichwort-Karten. Gestalten Sie jede Karte übersichtlich mit Schlüsselbegriffen und Bildassoziationen.

Beispiel:

Nr. 3
Nr. 2
Nr. 1
1. Einleitung: Kundenwunsch
a) [Bild: farbliche Akzente]   farbliche Akzente
b) ☹
c) Zitat Betriebsleiter Pütz: „Zum jetzigen Zeitpunkt stehen wir kurz vor dem Super-Gau."
d) Erwartungen

Training

Suchen Sie zu jedem Lebensabschnitt/Datum eine geeignete Bild-Assoziation. Gestalten Sie mit diesen Assoziationen ein Stichwort-Karten-Manuskript. Halten Sie damit einen Kurzvortrag über das Leben Heinrich Heines.

13.12.1797	H. in Düsseldorf geboren.
1807–14	Er besucht das Gymnasium in Düsseldorf.
1811	Er beobachtet Napoleons Einzug in Düsseldorf.
1815–16	Er macht eine kaufmännische Lehre.
1815–48	Zeitalter der Restauration.
1816	H. verliebt sich vermutlich in seine Cousine Amalie, die 1821 einen Großgrundbesitzer heiratet.
1817	H. veröffentlicht seine ersten Gedichte.
1818–19	Seine ersten Geschäftserfahrungen enden mit einem Bankrott.
1819–25	Er studiert Jura mit Unterbrechungen in Bonn, Göttingen, Berlin.
28.06.1825	Er konvertiert zum Protestantismus.
Seit 1826	Er lebt von den „Reisebildern" und anderen journalistischen Arbeiten sowie von der Unterstützung durch seinen Onkel Salomon.
Okt. 1827	Das „Buch der Lieder" erscheint.
27.07.1830	Julirevolution in Paris, H. erhält die Nachricht während seines Sommerurlaubs auf Helgoland.
1830/31	Ärger mit seinem Mäzen, dem Onkel Salomon. Reibereien mit seinem Verleger Campe. Vergebliche Bewerbung um eine Ratsstelle in Hamburg. Verbot des vierten Bandes der „Reisebilder" in Preußen.
Mai 1831	Nach seiner Übersiedlung nach Paris lebt er von seinen journalistischen, schriftstellerischen und literarischen Arbeiten, bleibt aber auf Unterstützung angewiesen.
1834	Er lernt Crescence Eugenie Mirat (Mathilde) kennen.
1835	Heines Schriften werden durch den Bundestagsbeschluss gegen das Junge Deutschland in ganz Deutschland verboten.
1841	Er heiratet Mathilde.
1843/44	Er reist zweimal nach Hamburg.
1844	Die „Neuen Gedichte" („Deutschland – ein Wintermärchen") erscheinen.
24.02.1848	Februarrevolution in Paris.
Seit Mai '48	Er ist durch zunehmende Lähmung ans Bett gefesselt („Matratzengruft").
1851	Der „Romanzero" erscheint.
17.02.1856	Heine stirbt.

Literatur

Hier können Sie sich weitergehend informieren:

Berchem, Frank: Gehirn-Jogging. Mosaik bei Goldmann Verlag. München 1995. (ISBN 3-442-13842-6)

Birkenbihl, Vera F.: Stroh im Kopf? – Vom Gehirn-Besitzer zum Gehirn-Benutzer. mrg Verlag. 44. Auflage. Heidelberg 2005. (ISBN 3-636-07067-3)

Bower, Sharon/Kayser, Dietrich: Erfolgreich reden und überzeugen. Herder Verlag. Freiburg 1996. (ISBN 3-451044-67-6)

4.3 Trainieren des freien Vortrags

Der Besuch der Schülergruppe[1] steht kurz bevor. Das Gliederungskonzept Ihrer Rede steht fest. Die Kerngedanken können Sie sich leicht mithilfe einer assoziativen Bildfolge merken. Auf dieser Basis haben Sie auch Ihr Stichwort-Karten-Manuskript entworfen.

Sie wollen nicht den Fehler zahlreicher Vortragender machen, die zwar viel Arbeit in die Präsentation ihres Vortrags investieren, dem Trainings-Aspekt aber zu wenig Aufmerksamkeit schenken.

Lernsituation

Handlungsauftrag

1. Tauschen Sie im Gespräch mit den anderen TeilnehmerInnen Ihrer Lerngruppe Ihre Erfahrungen darüber aus, wie Sie in der Vergangenheit einen Vortrag (z. B. Referat) eingeübt haben.
2. Lesen Sie die Erläuterungen zum „Sprech-Denken" sowie zur Arbeitsweise des Gehirns[2] und informieren Sie sich anhand des folgenden Informationsteils darüber, wie Sie durch wiederholtes „Sprech-Denken" einen Vortrag trainieren können.
3. Eignen Sie sich durch wiederholtes „Sprech-Denken" die Bausteine Ihrer Begrüßungsrede an. Sie können dies alleine, ggf. mithilfe eines Aufzeichnungsgerätes, durchführen. Oder Sie wählen die Form der Partnerarbeit. Dabei übt zunächst der erste Partner „sprech-denkend" die Elemente seines Vortrags ein und der andere gibt ständig ein „Feedback". Danach erfolgt ein Rollentausch.

Information

1. Sprechen Sie frei

Auf keinen Fall sollten Sie Ihren Vortrag schriftlich ausformulieren und dann ablesen.

2. Trainieren Sie Ihren freien Vortrag durch „Sprech-Denken"

„Sprech-Denken" ist nichts anderes als lautes Nachdenken. Während Sie denken, sprechen Sie das Gedachte gleichzeitig aus. Diese Fähigkeit ist die Basis freien Sprechens. Sie müssen „Sprech-Denken" können, wenn Sie einen Vortrag frei halten. Dies kann auch eine „Mini-Rede" im Rahmen einer Diskussion oder Verhandlung sein.
Üben Sie Ihren Vortrag „sprech-denkend" ein.

Eine Rednerin soll ihr Publikum nicht anschreiben, ihre Rede muss die Zuhörer ansprechen.

---

[1] Vgl. S. 51   [2] Vgl. S. 47 ff.

Es ist unredlich, mit dem Üben erst vor den Zuhörern zu beginnen.

Um eine gut improvisierte Rede halten zu können, braucht man mindestens drei Wochen.
(Mark Twain)

Ablaufschema der Trainingsmethode „Sprech-Denken"

Nr.	Trainingsschritt	Erläuterung
1.	Wählen Sie einen Aspekt aus dem Gliederungskonzept Ihrer Präsentation aus.	Es sollte sich um einen zentralen Gedanken (z. B. Information, Argument, Einwand) handeln, den Sie in einem prägnanten Begriff oder in einer Bildassoziation zusammengefasst haben.
2.	Sprechen Sie zu diesem Aspekt frei und zeichnen Sie Ihre Ausführungen nach Möglichkeit auf.	Sprechen Sie ohne Vorbereitung. Legen Sie keine Sprechpausen ein. Zwingen Sie sich dazu, ein möglichst umfassendes Statement frei zu formulieren.
3.	Prüfen Sie Ihre erste Ausführung mithilfe der Aufzeichnung. Beachten Sie dabei die zehn Ratschläge für einen guten Vortrag.[1]	Hören Sie sich Ihre erste Fassung an und fragen Sie sich: • Welche Formulierung ist mir besonders geglückt? • Was gefällt mir noch nicht? (Welche Passagen finde ich langweilig, albern, unpassend, falsch usw.?)
4.	Sprechen Sie eine zweite Fassung frei und zeichnen Sie sie erneut auf.	Passagen, die Ihnen beim ersten Mal gefallen haben, wiederholen Sie, ansonsten konzentrieren Sie sich auf Verbesserungen.
5.	Prüfen Sie Ihre zweite Ausführung.	Achten Sie erneut auf gelungene Formulierungen und auf verbesserungswürdige Textstellen.
6.	Wiederholen Sie diesen Vorgang zu ein und demselben Aspekt mehrmals.	Die moderne Gehirnforschung hat nachgewiesen: Je öfter man einen neuartigen Gedanken denkt, vor allem ausspricht, desto leichter fällt es, diese Idee zu formulieren.[2]
7.	Eignen Sie sich durch die Arbeitsschritte 1 bis 6 weitere Einzelaspekte Ihres Vortrags an.	Je mehr „Bausteine" Sie in Ihren Besitz bringen, desto professioneller werden Sie mit diesen Elementen das Gesamtgebilde Ihrer Präsentation frei errichten können, auch später vor Ihrem Publikum.
8.	Fügen Sie die Einzelelemente zu einem Gesamtvortrag zusammen.	Wenn Sie über genügend „Bausteine" verfügen, konstruieren Sie mit diesem Material „sprech-denkend" das „Gesamtgebäude" Ihres Vortrags.
9.	Tragen Sie Ihren Gesamttext mehrmals „sprech-denkend" frei vor.	Greifen Sie auf Ihr Stichwort-Karten-Manuskript nur dann zurück, wenn es unbedingt notwendig ist. Stoppen Sie die Redezeit. Kürzen Sie Ihren Vortragstext, wenn Sie die Zeit überschreiten.
10.	Simulieren Sie möglichst realistisch die Vortragssituation.	Trainieren Sie abschließend Ihre gesamte Präsentation, nach Möglichkeit im eigentlichen Vortragsraum. Sprechen Sie im freien Vortrag. Üben Sie dabei auch den Einsatz Ihrer Medien zur Visualisierung. Führen Sie eine Generalprobe vor einer Vertrauensperson durch. Fordern Sie ein konkretes Feedback ein.

---

[1] Vgl. S. 58 ff.
[2] Vgl. S. 48 f.

Training

Üben Sie weitere Vortragstexte, für die Sie bereits ein Gliederungskonzept entwickelt haben, „sprech-denkend" ein.[1]

Reden lernt man durch Reden.

Hier können Sie sich weitergehend informieren:

Literatur

Birkenbihl, Vera F.: Rhetorik. Redetraining für jeden Anlass. Besser reden, verhandeln, diskutieren. 8. Auflage. Ariston Verlag. München 2002. (ISBN 3-7205-2299-7)

4.4 Präsentieren im freien Vortrag

Der Tag X ist gekommen. Sie haben die Besuchergruppe[2] am Werkstor empfangen und in den Betrieb begleitet. Im Besprechungsraum haben alle Platz gefunden und eine kleine Erfrischung zu sich nehmen können. Im informellen Small-Talk haben Sie sich vielleicht mit der begleitenden Lehrerin über die Anfahrt und sonstige allgemeine Dinge unterhalten. Doch jetzt muss sich zeigen, ob sich Ihre Vortragsplanung und Ihr Präsentationstraining auszahlen.

Lernsituation

---
[1] Vgl. S. 55
[2] Vgl. S. 51

Handlungsauftrag

1. Informieren Sie sich mithilfe des folgenden Informationsteils über wichtige Aspekte eines professionellen Vortrags.
2. Präsentieren Sie Ihre Begrüßungsrede unter Beachtung dieser Aspekte vor den anderen Teilnehmern Ihrer Lerngruppe.
3. Die Lerngruppe übernimmt fiktiv die Rolle der Besuchergruppe, beobachtet aber mithilfe des folgenden Rasters gezielt Ihren Vortrag (Beobachtungsraster zuvor kopieren oder downloaden unter www.bildungsverlag1.de/kommunikationstraining). Diese Beurteilungsmerkmale sind auch Grundlage für das nachfolgende Auswertungsgespräch.

Beurteilungsmerkmal	++	+	o	–	– –
– Auftreten vor Vortragsbeginn					
– „Ruhephase" vor Vortragsbeginn					
– Blickkontakt mit den Zuhörern vor Vortragsbeginn					
– Blickkontakt während des Vortrags					
– Freies, „sprech-denkendes" Vortragen					
– Bewältigung von „Vortragspannen"					
– Mimische Unterstützung des Vortrags					
– Gestische Unterstützung des Vortrags					
– Lautstärke					
– Sprechtempo					
– Variation der Stimme (Lautstärke, Stimmlage u. a.)					
– Sprechpausen (Wirkungs- und Spannungspausen)					
– Übereinstimmung von körpersprachlichen Signalen und Gesagtem					
– Innere Einstellung zum Publikum					

Die Wirkung Ihres Vortrags hängt nicht nur von einer gelungenen inhaltlichen und sprachlichen Planung (übersichtliche Gliederung, Anschaulichkeit, angemessene Sprache u. a.) ab. Entscheidend ist auch die eigentliche Präsentation.

Information

1. Gestalten Sie die Beziehung zu Ihrem Publikum positiv

Die Kommunikation zwischen Ihnen als Vortragendem und Ihren Zuhörern verläuft auf zwei Ebenen: der Inhalts-Ebene und der Beziehungs-Ebene.[1] Nur wenn Ihre Beziehung (= innere Einstellung) zu Ihrem Publikum intakt ist, kommen Ihre Informationen auf der Inhalts-Ebene an. Wenn Ihre Zuhörer z. B. Unmut über Ihre innere Einstellung (Überheblichkeit, Unlust u. a.) empfinden, werden Sie Ihre Botschaft nicht mehr aufnehmen.

Es ist keine Selbstverständlichkeit, wenn andere bereit sind, Ihnen zuzuhören.

Das Publikum spürt Ihre Grundhaltung, noch bevor Sie den ersten Ton gesagt haben. Ihre Mimik und Gestik, Ihr Tonfall sowie andere non-verbale Signale (z. B. angemessene Kleidung) offenbaren Ihre innere Beziehung zu Ihrer Zuhörerschaft.

Wenn Sie vor Ihr Auditorium treten, sollten Sie nicht sofort mit dem Sprechen beginnen. Machen Sie eine kurze Pause und nehmen Sie Blickkontakt auf. Das ist der entscheidende Moment, in dem Sie sich auf der Beziehungs-Ebene annähern. Ihre Zuhörer müssen spüren, dass Sie ihnen positiv, zumindest aber sachlich-neutral gegenübertreten.

Ein Redner muss seine Zuhörer respektieren.

2. Setzen Sie Stimme und Körpersprache wirkungsvoll ein

Achtung: Die Körpersprache[2] ist eine ehrliche Sprache. Verstellen Sie sich nicht krampfhaft. Einstudierte Gesten, Körperhaltungen und Stimmlagen werden von Ihren Zuhörern in der Regel durchschaut und entlarvt. Bei einem Widerspruch zwischen Gesagtem und tatsächlich „Gezeigtem" verlieren Sie Ihre Glaubwürdigkeit.

Ihr Körper lügt nicht.

■ **MERKE:**

- Treten Sie selbstsicher, aber nicht überheblich auf.
- Halten Sie während Ihres gesamten Vortrags Blickkontakt zum Publikum.
- Sprechen Sie frei. Ein Vortrag ist keine Vorlesung.
- Bewahren Sie Ruhe – auch bei Redepannen (z. B. Steckenbleiben, Versprecher). Zuhörer können verzeihen.
- Stellen Sie sicher, dass sich Ihre Gestik natürlich entwickeln kann.
- Variieren Sie Stimmlage, Lautstärke, Sprechgeschwindigkeit und Sprechrhythmus und setzen Sie dadurch Akzente.
- Vermeiden Sie Schlusspanik.

---

[1] Vgl. S. 7 f.
[2] Vgl. S. 13 ff.

Körperliche Bewegungen beeinflussen die Gehirnfunktionen positiv. Aufnahmefähigkeit, Konzentration und Kreativität werden gefördert. Sucht z. B. ein Sprecher nach einem Begriff, löst nicht selten eine kreisende Handbewegung oder ein Fingerschnippen den gewünschten Einfall aus.

Für den Zuhörer ist Gestik ein zweites Zeichensystem, mit dem ihm – zusätzlich zur sprachlichen Mitteilung – Informationen übermittelt werden. Und oft ist die Zeichensprache informativer als verbale Ausführungen.

Deshalb muss sich Ihre Gestik natürlich entwickeln können. Halten Sie sich z. B. nicht krampfhaft an einem Gegenstand (Kugelschreiber, Stichwort-Karten u. a.) fest.

Training

1. Bitten Sie andere Teilnehmer Ihrer Lerngruppe, im Rahmen einer Stegreif-Rede folgende Begriffe zu erklären. Der Begriff selbst und die in Klammern stehenden Wörter dürfen dabei aber nicht benutzt werden. Beobachten Sie gezielt, wie die Gestik der Redner den Vortrag unterstützt.
   - Wendeltreppe (Stufen, Geländer, Drehung, Stockwerk, Winden)
   - Kreditkarte (Plastik, Geld, Einkaufen, Bezahlen, Nachher)
   - Lehrer (Unterricht, Lernen, Schule, Professor, Zeugnis)
   - Radio (Wellen, Hören, Einschalten, Fernsehen, Antenne)
   - …

2. Stellen Sie gestisch folgende Begriffe/Sachverhalte dar:
   - Krawatte
   - Hausmeister
   - Richter
   - Protest
   - …

Literatur

Hier können Sie sich weitergehend informieren:

Ibelgaufts, Renate: Körpersprache: Wahrnehmen, verstehen und anwenden. Augustus Verlag. Augsburg 1997. (ISBN 3-8043-3073-8)

Molcho, Samy: Körpersprache im Beruf. Goldmann Verlag. München 2001. (ISBN 3-442163-26-9)

Reutler, Bernd H.: Körpersprache erfolgreich einsetzen. Ullstein Verlag. Berlin 1995. (ISBN 3-550068-82-4)

4.5 Präsentieren mit unterschiedlichen Zielen

Hinsichtlich der vorherrschenden Zielsetzung seitens des Vortragenden sind verschiedene Arten von Vorträgen zu unterscheiden.

Das Ziel bestimmt die Art und Weise, wie man dahin gelangt.
(Jurij Brezan)

4.5.1 Sie vermitteln Informationen – der Fachvortrag

Lernsituation

Sie sind als Kfz-Mechatroniker in einem Autohaus beschäftigt. Im Rahmen einer Public-Relations-Aktion wird ein „Tag der offenen Tür" veranstaltet. Sie haben den Auftrag, interessierte Besucher über aktuelle technische Neuerungen zu informieren. Dieses Ziel soll auch mittels eines informativen Kurzvortrags (Redezeit: fünf Minuten) erreicht werden.

"Mir verschlägt es die Sprache." – Monologische Formen der mündlichen Kommunikation

Handlungsauftrag

Sie können die Fachrichtung (z. B. Bau- und Holztechnik, Elektro-, Metall-, Textiltechnik und Bekleidung, Drucktechnik, Garten- und Landschaftsbau) und die Thematik (z. B. Entwicklung/Design neuer Möbelsysteme, neue Wisch- und Putztechniken, aktuelle Neuentwicklungen in der Sanitär-, Heizungs- und Klimatechnik, neue Strategien bei Automatisierungssystemen) entsprechend Ihrer beruflichen Tätigkeit frei wählen.

1. Planen Sie Ihren Fachvortrag mithilfe einer Checkliste. Über den grundsätzlichen Aufbau dieser Checkliste informiert Sie der folgende Informationsteil (bei Bedarf zuvor kopieren oder downloaden unter www.bildungsverlag1.de/kommunikationstraining).
2. Entwickeln Sie die einzelnen Elemente Ihres Vortrags und in der Folge die Gesamtrede durch die Technik des freien „Sprech-Denkens"[1]. Merken Sie sich die Abfolge Ihrer Kerngedanken bei Bedarf durch „bildhafte Assoziation"[2]. Beachten Sie bei der kritischen Überprüfung Ihrer Formulierungen die „Zehn Ratschläge für einen guten Vortrag"[3].
3. Entwerfen Sie ein Stichwort-Karten-Manuskript[4]. Setzen Sie auch bei der Gestaltung Ihrer Karteikarten assoziative Bilder als Schlüsselelemente ein, die bestimmte Kerngedanken und Gedankenfolgen erschließen.

Information

Checkliste: Vorbereitung eines Fachvortrags

Mein Vortragsziel:	
Mein Publikum: (Erwartungen, Interessen, Vorwissen u. a.)	
Meine wichtigsten Informationen:	
Davon wähle ich für meinen Vortrag aus:	
Mein übergeordnetes Gliederungsprinzip für den Hauptteil: (z. B. „Drei-Zeiten-Schema"[5])	
Das führt zu folgender Reihenfolge im Hauptteil:	
Meine Einleitung:	
Mein Schluss:	
Meine Medien zur Veranschaulichung:	

---

[1] Vgl. S. 47 ff., 65 f.
[2] Vgl. S. 62 f.
[3] Vgl. S. 58 ff.
[4] Vgl. S. 63 f.
[5] Vgl. S. 53

> **Training**
>
> 1. Präsentieren Sie Ihren Fachvortrag zum „Tag der offenen Tür" vor den anderen Teilnehmern Ihrer Lerngruppe. Bitten Sie um ein Feedback, das auf die Merkmale des Beobachtungsbogens eingeht.[1]
>
> 2. Planen, trainieren und präsentieren Sie Fachvorträge (Redezeit ca. zehn Minuten) zu anderen Anlässen und Themen. Hier einige Themenvorschläge:
>   - Private Altersvorsorge durch die „Riester-Rente"
>   - Bessere Strukturierung der Arbeitsabläufe in unserem Betrieb
>   - Maßnahmen zur Verbesserung der Beschäftigungssituation auf dem Arbeitsmarkt
>   - Elterngeld und Elternzeit
>   - Die gesetzliche Sozialversicherung
>   - Die Arbeit der Schülervertretung in unserer Schule
>   - Die Arbeit des Betriebsrats/der Jugend- und Auszubildendenvertretung in unserem Ausbildungsbetrieb
>   - u. a.

Reden lernt man nur durch Reden.

Hier können Sie sich weitergehend informieren:

Literatur

Krieger, Paul/Hantschel, Hans-Jürgen: Praxis-Handbuch Rhetorik. Bassermann Verlag. München 2005. (ISBN 978-3-8094-1676-0)

4.5.2 Sie motivieren andere – die Überzeugungsrede

> *Der Standpunkt macht es nicht, die Art macht es, wie man ihn vertritt.*
> (Theodor Fontane)

Lernsituation

In der Personalabteilung der „Anlagentechnik Berg GmbH" (nähere Bestimmung nach Ihrer Wahl) ist eine Abteilungsbesprechung geplant. Zentraler Tagesordnungspunkt ist die Frage, ob in der Werkstatt/im Betrieb ein Rauchverbot eingeführt werden soll.

Als Mitglied des Betriebsrats/der Jugend- und Auszubildendenvertretung haben Sie den Auftrag, durch eine Überzeugungsrede (Redezeit ca. fünf Minuten) die Mitarbeiter des Betriebs für ein Rauchverbot zu gewinnen. Sie wissen, dass viele Betriebsangehörige anderer Meinung sind.

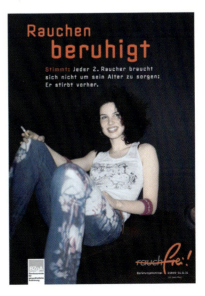

---
[1] Vgl. S. 68

Handlungsauftrag

1. Informieren Sie sich mithilfe der folgenden Erläuterungen über die strategische Gliederung einer Überzeugungsrede. Entwerfen Sie eine Checkliste, die für die Vorbereitung einer Überzeugungsrede geeignet ist.[1] Entwickeln Sie damit ein Gliederungskonzept für Ihre Rede.
2. Gestalten Sie Ihr Stichwort-Karten-Manuskript und üben Sie Ihre Rede „sprechdenkend" ein.
3. Tragen Sie Ihre Rede vor den anderen TeilnehmerInnen Ihrer Lerngruppe vor. Bitten Sie die anderen Mitglieder Ihrer Gruppe, Ihre Präsentation mithilfe des Beobachtungsbogens (siehe Abschnitt Training, S. 76) zu bewerten. Fordern Sie im Auswertungsgespräch ein fundiertes Feedback ein (Positives bestärken und Verbesserungen vorschlagen).

Information

Gliedern Sie den Hauptteil Ihrer Überzeugungsrede strategisch

Man darf nie seine Absicht zeigen, sondern man muss vorher mit allen Mitteln sein Ziel zu erreichen suchen.
(Niccolò Machiavelli)

Sie wissen oder vermuten, dass viele Ihrer Zuhörer eine andere Auffassung vertreten? Und diese Meinung wollen Sie mit Ihrer Überzeugungsrede „ins Wanken bringen"? Dann müssen Sie beim Aufbau Ihrer Rede strategisch vorgehen.

Durch eine effektvolle Einleitung ist es Ihnen gelungen, die Aufmerksamkeit Ihrer Zuhörer zu gewinnen. Wenn Sie zu Beginn des Hauptteils Ihr Publikum aber sofort und einseitig mit Ihrem Standpunkt (Ihrer Problemlösung) und einem entsprechenden Appell konfrontieren, besteht folgende Gefahr: Gerade die Zuhörer, die eine andere Auffassung vertreten und die Sie vom Gegenteil überzeugen wollen, werden sich Ihren Argumenten voreingenommen verschließen.

Gehen Sie strategisch vor: Greifen Sie vorgefasste Meinungen von Zuhörern nicht sofort an.

Dieser Gefahr können Sie entgegenwirken, indem Sie den Hauptteil Ihrer Rede nach dem „Plus-Minus-Schema" oder nach dem „Frage-Antwort-Schema" gliedern. Durch Ihr unvoreingenommenes Nachdenken über alternative Lösungen („Plus-Minus-Schema") bzw. Ihre offene Auseinandersetzung mit den Einwänden Ihrer Gegner („Frage-Antwort-Schema") halten Sie das Interesse der Gegenseite wach, dokumentieren Ihre Kompetenz und erhöhen Ihre Überzeugungskraft.

---

[1] Vgl. S. 76

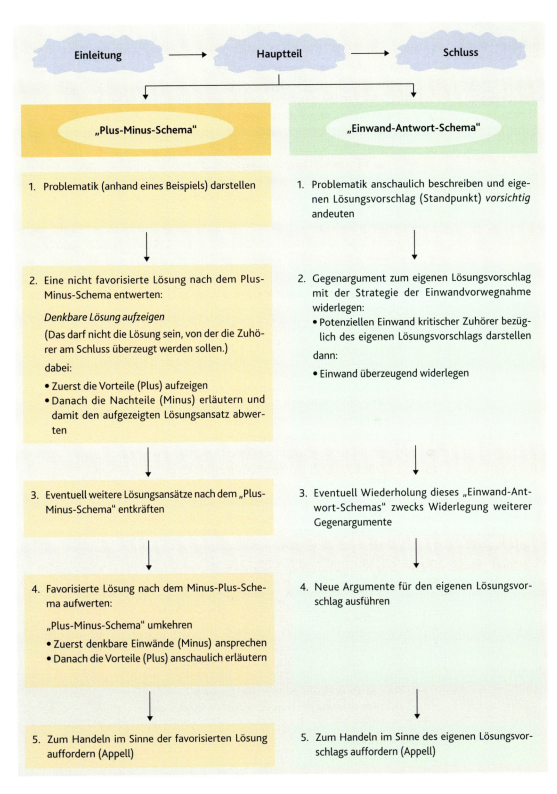

Training

Reden lernt man nur durch Reden.

1. Planen, Trainieren und Präsentieren Sie Überzeugungsreden (Redezeit ca. fünf Minuten). Hier einige Themenvorschläge:
   - Rauchverbot in der Öffentlichkeit
     (Dabei können Sie nach Ihrer Wahl einen Standpunkt beziehen, z. B.: „Ich will meine Zuhörer davon überzeugen, dass ein Rauchverbot gesetzlich eingeführt werden soll." oder: „Ich will meine Zuhörer davon überzeugen, dass kein gesetzliches Rauchverbot eingeführt werden soll." Gleiches gilt für die anderen Themen.)
   - Passives Wahlrecht für Jugendliche ab 16 Jahren
   - Ausbildungsplatzabgabe für Unternehmungen, die nicht ausbilden
   - Verzicht auf schriftliche Klassenarbeiten zur Leistungsbewertung
   - u. a.
2. Beobachten Sie Reden von Mitgliedern Ihrer Lerngruppe mithilfe des folgenden Beobachtungsbogens (Beobachtungsraster zuvor kopieren oder downloaden unter www.bildungsverlag1.de/kommunikationstraining).

	Beurteilungsmerkmal	++	+	o	-	--
1.	**Inhaltliche Struktur der Rede**					
	Erkennbare Gliederung in „Einleitung-Hauptteil-Schluss"	☐	☐	☐	☐	☐
	Effektvolle Einleitung	☐	☐	☐	☐	☐
	Merk-würdiger Schluss	☐	☐	☐	☐	☐
2.	**Inhaltliche Gestaltung der Rede**					
	Inhaltliche Qualität der Informationen/Argumente	☐	☐	☐	☐	☐
	Einbau von „Erholungspausen"	☐	☐	☐	☐	☐
	Anschauliche Darstellungsweise	☐	☐	☐	☐	☐
3.	**Sprachliche Gestaltung der Rede**					
	Einbau rhetorischer Fragen zur Einbeziehung der Zuhörer	☐	☐	☐	☐	☐
	Einbau sprachlicher Überleitungen zwischen den Redeteilen	☐	☐	☐	☐	☐
	Einfacher, verständlicher Satzbau, angemessene Wortwahl	☐	☐	☐	☐	☐
4.	**Präsentation der Rede**					
	Auftreten vor dem Publikum vor Redebeginn	☐	☐	☐	☐	☐
	Blickkontakt während der Rede	☐	☐	☐	☐	☐
	Freies, „sprech-denkendes" Vortragen	☐	☐	☐	☐	☐
	Mimische Unterstützung der Rede	☐	☐	☐	☐	☐
	Gestische Unterstützung der Rede	☐	☐	☐	☐	☐
	Sprechlautstärke	☐	☐	☐	☐	☐
	Sprechtempo	☐	☐	☐	☐	☐
	Artikulation (z. B. Deutlichkeit)	☐	☐	☐	☐	☐
	Variation der Stimme (Lautstärke, Sprechtempo, Stimmlage)	☐	☐	☐	☐	☐
	Einsatz von Wirkungs- und Spannungspausen	☐	☐	☐	☐	☐
	Übereinstimmung von körpersprachlichen Signalen und Gesagtem	☐	☐	☐	☐	☐
5.	**Visualisierung**	☐	☐	☐	☐	☐

Hier können Sie sich weitergehend informieren:

Literatur

Nothstine, William L.: Andere überzeugen. Wirtschaftsverlag Ueberreuther. Wien, Frankfurt 1991. (ISBN 3-8000-3412-3)

4.5.3 Sie „loben" eine andere Person – die Laudatio

Lernsituation

In einer feierlichen Lossprechung übergibt die Innung/Kammer die Gesellenbriefe/Facharbeiterbriefe an die Junggesellinnen und an die jungen Facharbeiter. Im Rahmen dieser Veranstaltung wird auch Ihr „alter" Meister verabschiedet. Er war über 30 Jahre Mitglied im Prüfungsausschuss und tritt nun den wohlverdienten Ruhestand an. Zu seiner Verab-

schiedung spricht nicht nur der Kreishandwerksmeister/Kammerpräsident. Als Vertreterin der Junggesellinnen/Facharbeiter sollen auch Sie „ein paar Abschiedsworte" aus Sicht der ehemaligen Auszubildenden sprechen.

Handlungsauftrag

1. Informieren Sie sich anhand des folgenden Informationsteils über die Grundgliederung einer Laudatio. Entwerfen Sie mithilfe einer Checkliste[1] das Gliederungskonzept für Ihre Verabschiedungsrede.
2. Gestalten Sie Ihr Stichwort-Karten-Manuskript, formulieren Sie Ihre Rede „sprech-denkend" aus und halten Sie sie vor den anderen Teilnehmern Ihrer Lerngruppe.

---

[1] Vgl. S. 72

Information

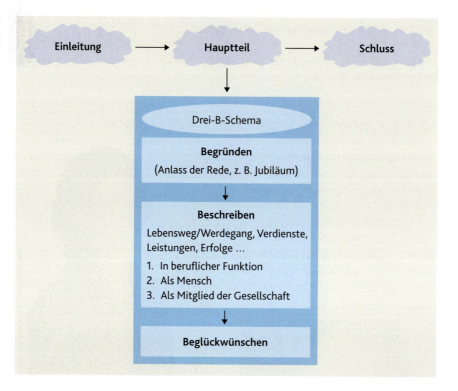

Training

Planen, trainieren und präsentieren Sie Reden (Redezeit ca. fünf Minuten) zu anderen gesellschaftlichen Anlässen. Hier einige Vorschläge:
- Abschlussrede der Schülersprecherin auf der Entlassungsfeier der Abschlussklassen
- Rede des Vertreters der Auszubildenden anlässlich der Lossprechungsfeier durch die Kammer (z. B. Industrie- und Handelskammer)
- Rede zum 50. Geburtstag der Mutter/des Vaters/der Chefin
- Rede zum 25. Dienstjubiläum einer Kollegin

Literatur

Hier können Sie sich weitergehend informieren:

Krieger, Paul/Hantschel, Hans-Jürgen: Praxis-Handbuch Rhetorik. Bassermann Verlag. München 2005. (ISBN 978-3-8094-1676-0)

„Kommen Sie bitte morgen zum Gespräch." Dialogische Formen der mündlichen Kommunikation

5.1 Vorbereiten auf ein Gespräch

5.1.1 Sie planen ein Gespräch strategisch

Lernsituation

Sie absolvieren eine Ausbildung in einem Industriebetrieb/Handwerksbetrieb (Malerin/Lackiererin, Anlagenmechaniker, Tischlerin, Garten- und Landschaftsbauer, Elektronikerin u. a.). Seit einiger Zeit erledigen Sie in einer Werkstatt/Betriebsstätte bzw. auf den Baustellen ständig gleichartige Arbeiten. Im Rahmen Ihrer Ausbildung wollen Sie aber alle Tätigkeitsbereiche Ihres Ausbildungsberufs kennenlernen. Die anderen Auszubildenden in Ihrem Betrieb haben dasselbe Problem.
Deshalb haben Sie Ihren Ausbilder um ein Gespräch gebeten. Es findet in drei Tagen statt. Auf diese Unterredung wollen Sie sich intensiv vorbereiten.

Handlungsauftrag

1. Legen Sie in Ihrer Lerngruppe das Gesprächsziel fest und sammeln Sie, z. B. mithilfe einer Kartenabfrage[1], Argumente für Ihren Standpunkt.
2. Informieren Sie sich anhand des folgenden Informationsteils über die Gesprächsvorbereitung. Entwerfen Sie mit diesem Wissen einen Gesprächsablaufplan für die Unterredung mit Ihrem Ausbilder.
3. Versetzen Sie sich in die Rolle Ihres Ausbilders. Er hat von dem Grundanliegen seiner Auszubildenden erfahren und will sich ebenfalls auf das Gespräch vorbereiten. Legen Sie auch aus seiner Sicht ein Gesprächsziel fest, sammeln Sie Argumente und entwickeln Sie einen Gesprächsablaufplan.
Es ist auch möglich, dass Sie in Ihrer Lerngruppe Arbeitsgruppen zu je vier Personen bilden. Die eine Hälfte der Gruppen bereitet das Gespräch aus der Sicht der Auszubildenden vor, die andere Hälfte nimmt die Perspektive des Ausbilders ein.

---

[1] Vgl. S. 24 ff.

Information

1. Das Ziel, die Inhalte und die Strategie berücksichtigen

Sind Sie nach einem wichtigen Gespräch auch schon einmal vom Gesprächsverlauf und von dem Gesprächsergebnis enttäuscht gewesen?
Vielleicht ist die Unzufriedenheit darauf zurückzuführen, dass Sie das Gespräch nicht sorgfältig genug vorbereitet haben.

Das Gesprächsziel festlegen

Als Erstes müssen Sie sich darüber klar werden, welches Ziel Sie verfolgen:
- Wollen Sie zu einer Handlung oder Denkweise überreden?
- Möchten Sie von einem Sachverhalt überzeugen?
- Wollen Sie von Ihrer Person überzeugen und einen guten Eindruck vermitteln?
- Möchten Sie Ihre Meinung sagen, sich beschweren?
- Wollen Sie sich informieren?
- Besteht Ihr Ziel darin, etwas zu verkaufen?
- u. a.

Schreiben Sie sich Ihr Ziel in einem prägnanten Zielsatz auf. Verlieren Sie es während der gesamten Vorbereitung und später beim Gespräch nicht aus den Augen.

Nur wenn ich weiß, wohin ich will, komme ich auch an.

Beispiel:

> Ich will meine Unzufriedenheit darüber ausdrücken, dass ich bei der Besetzung der Gruppenleiterstelle nicht berücksichtigt worden bin. Und ich will deutlich machen, dass ich bereit und befähigt bin, höherrangige Positionen in Zukunft zu übernehmen.

Werden Sie sich in diesem Zusammenhang auch über Ihren Verhandlungsspielraum klar. Fragen Sie sich:
- Welche Teilziele muss ich unbedingt durchsetzen, welche Kompromisse kann ich eingehen?
- Welche Zugeständnisse der Gegenseite fordere ich für meine Kompromissbereitschaft ein?

Ein „Schlachtplan" ist wichtig.

Die Gesprächsinhalte zusammentragen

Fragen Sie sich vor dem Hintergrund Ihres Gesprächsziels:
1. Welche Argumente kann ich für meinen Standpunkt ins Feld führen?
2. Welche Gegenargumente könnte mir mein Gesprächspartner entgegenhalten? Wie kann ich diese widerlegen?
3. Welche Zielsetzung könnte mein Gesprächspartner verfolgen, welche Meinung könnte er vertreten? Welche Argumente wird er für seine Auffassung vermutlich vorbringen?

4. Mit welchen Gegenargumenten kann ich diese Beweisführung entkräften?
5. In welcher Reihenfolge sollte ich meine Argumente vorbringen? Welche schlagkräftigen Argumente bewahre ich mir bis zum Schluss auf?
6. Mit welchen Beispielen kann ich meine Argumente anschaulich untermauern?
7. Kann es im Gespräch zu kritischen Situationen kommen und wie könnten diese dann bewältigt werden?

Das Sich-Hineinversetzen in den Gesprächspartner (insbesondere bei den Fragen 2 und 3) gelingt umso besser, je mehr Informationen Sie über ihn haben. Informieren Sie sich so gut es geht, damit Sie auch die Persönlichkeit Ihres Gegenübers (z. B. Status, Rolle, Vorlieben, Eigenheiten, Wertvorstellungen) in Ihre taktischen Überlegungen einbeziehen können. Strukturieren Sie Ihre Antworten auf die obigen Fragen gegebenenfalls mit einem Mind-Map.[1]

Die Grundstruktur eines Gesprächs berücksichtigen

Beachten Sie, dass auch ein Gespräch folgende Grundgliederung aufweisen sollte:

Einleitung

• Vorstellung und/oder Begrüßung
Nehmen Sie Blickkontakt mit Ihrem Gesprächspartner auf, begrüßen Sie ihn mit Namen, gegebenenfalls auch mit Handschlag.
Nehmen mehrere Personen an der Unterredung teil, dann stellen Sie, falls notwendig, die Gesprächsteilnehmer einander vor. Merken Sie sich neue Namen.

Small Talk über allgemeine Themen
In bestimmten Situationen empfiehlt es sich, das Gespräch nicht sofort mit der eigentlichen Thematik zu beginnen. Bauen Sie zunächst eine positive Atmosphäre auf, z. B. durch einen kurzen gegenseitigen Austausch über den letzten Urlaub.

Nicht mit der Tür ins Haus fallen.

Hauptteil

• Hinführung zum eigentlichen Gespräch
Leiten Sie im geeigneten Moment zum eigentlichen Thema über. Sprechen Sie die Thematik kurz an, benennen Sie gegebenenfalls Zielsetzung und gewünschte Resultate. Es kann auch sinnvoll sein, ein zeitliches Gesprächsende zu vereinbaren.

• Argumentation entsprechend Ihres Gesprächsablaufplans
Gehen Sie taktisch vor. Animieren Sie zunächst Ihr Gegenüber, seine Argumente vorzubringen. Sie können dann gezielt reagieren. „Verschießen Sie nicht sofort Ihr Pulver", sondern bringen Sie Ihre Argumente nur einzeln entsprechend Ihrer Planung vor. Reagieren Sie dabei aber auch flexibel und stellen Sie Ihre Argumentationsabfolge um, wenn die Argumentation Ihres Gesprächspartners dies erfordert.

Nicht sofort alle Karten auf den Tisch legen.

---
[1] Vgl. S. 27 f.

Niemals die Tür zuschlagen.

Schluss
Bringen Sie das Gespräch zum Abschluss, wenn alle Argumente ausgetauscht sind oder wenn die vereinbarte Zeit abgelaufen ist. Eventuell signalisieren Gesprächspartner auch durch nonverbale Zeichen (z. B. wiederholter Blick auf die Uhr), dass sie das Gespräch beenden wollen.
• Gemeinsames Zusammenfassen der Ergebnisse
Stellen Sie sicher, dass die Gesprächsergebnisse gemeinsam in positiver Grundstimmung festgehalten werden, z. B. durch Formulierung für ein Protokoll. Bei Bedarf führen Sie durch Rückkopplungsfragen Eindeutigkeit herbei.
• Würdigung von Teilergebnissen
Erzwingen Sie keine Zustimmung. Sollte kein umfassendes Einvernehmen erzielt worden sein, heben Sie eventuell erreichte Teilergebnisse positiv hervor.
• Vereinbarung weiterer Gesprächstermine
Gewährleisten Sie nach Möglichkeit immer ein harmonisches Auseinandergehen. Die Atmosphäre darf nicht vergiftet werden. Sollte kein Übereinkommen erreicht worden sein, muss ein erneuter Versuch möglich sein.

Einen strategischen Gesprächsablaufplan entwerfen

Planen Sie auf der Basis dieser Grundstruktur und der vorgedachten möglichen Gesprächsinhalte (Argumente, Gegenargumente u. a.) den Gesprächsverlauf. Notieren Sie ihn stichwortartig.

Beispiel:

A. Einleitung	Ich sorge für ein positives Klima: – „Ich fühle mich im Betrieb wohl." – „Die Ausbildung macht Spaß." – „Ich habe schon viel gelernt."		
B. Hauptteil	1. Ziel: Ausbildung im Fachbereich Vertrieb/Marketing		
	Mein Problem/ mein Argument:	Mögliches Gegenargument:	Meine Erwiderung:
	1. Seit zwei Monaten nur Abdeckarbeiten	Arbeitsvorbereitung ist wichtiger Ausbildungsinhalt	In der Prüfung werden viele andere Sachen auch gefragt, z. B. Beschriftungen, Holzschutz
	2. ...	...	...
	Kompromiss: Übergangsphase: zwei Tage Abdeckarbeiten/zwei Tage Gestaltungsarbeiten auf anderen Baustellen		
	2. Ziel: Pünktlicher Feierabend		
	Mein Problem/ mein Argument: ...	Mögliches Gegenargument: ...	Meine Erwiderung: ...
	3. Ziel: ...		

C. Schluss
– Ich fasse die Ergebnisse kurz zusammen.
– Ich hebe auch Teilergebnisse positiv hervor.
– Ich bemühe mich auf jeden Fall um ein harmonisches Auseinandergehen.

2. Das Umfeld organisieren

Es kann sein, dass Sie auch für den organisatorischen Rahmen des Gesprächs verantwortlich sind. Bemühen Sie sich dann um einen möglichst neutralen Gesprächsort. Achten Sie auf eine Sitzordnung, die deutlich macht, dass alle Gesprächsteilnehmer gleichberechtigt sind, z. B. runder Tisch. Überlassen Sie Gästen als Gesprächspartnern die Sitzplatzwahl. Viele empfinden es als unangenehm, wenn sie eine Tür im Rücken haben. Stellen Sie sicher, dass kein Teilnehmer der Gesprächsrunde in eine grelle Lichtquelle gucken muss. Vermeiden Sie negative Umweltfaktoren, wie eine zu hohe oder zu niedrige Raumtemperatur, schlechte Belüftung oder Zugluft. Stellen Sie sicher, dass das Gespräch nicht durch Telefongespräche, Besuche u. a. gestört wird.

Für eine angenehme Atmosphäre sorgen: „Darf ich Ihnen eine Tasse Kaffee anbieten?"

Training

Bereiten Sie die unten stehenden Gespräche vor. Gehen Sie dabei planmäßig vor.
- Legen Sie Ihr Gesprächsziel fest. Formulieren Sie einen prägnanten Zielsatz.
- Tragen Sie mögliche Gesprächsinhalte zusammen (eigene Argumente, mögliche Gegenargumente, Widerlegung von Gegenargumenten, Veranschaulichungen des eigenen Standpunkts u. a.). Nutzen Sie gegebenenfalls die Kreativ-Technik des Mind-Mappings.[1]
- Entwerfen Sie mit diesen Inhalten einen strategischen Gesprächsablaufplan. Beachten Sie dabei die Grundgliederung eines jeden Gesprächs.

1. Zahlreiche Schülerinnen und Schüler Ihrer Berufsschule kommen mit öffentlichen Verkehrsmitteln (Busse und Bahnen) zur Schule. Aufgrund der Fahrpläne erreichen viele die Schule schon um 7:15 Uhr, obwohl der Unterricht erst um 8:00 Uhr beginnt. Die Schülervertretung (SV) hat deshalb beschlossen, bei der Schulleitung die Einrichtung eines Aufenthaltsraums zu beantragen. Er soll von 7:00 Uhr bis Schulschluss geöffnet sein. In diesem Raum soll auch ein Kiosk eingerichtet werden, der Getränke und Verpflegung anbietet.
Als Sprecher der SV sollen Sie das Gespräch mit der Schulleitung führen.

---

[1] Vgl. S. 27 f.

2. In der Unterstufe haben Sie mit Ihrer Klasse eine einwöchige Klassenfahrt unternommen. Üblicherweise findet in der Oberstufe keine zweite Fahrt statt. Unter den Schülerinnen und Schülern Ihrer Klasse besteht jedoch der Wunsch, noch einmal gemeinsam auf Fahrt zu gehen.
Als Klassensprecher sollen Sie das Gespräch mit dem Klassenlehrer führen.

3. Sie sind Auszubildende/r in einer mittelständischen Unternehmung. Pro Ausbildungsjahr werden sechs Auszubildende ausgebildet. Im Gespräch mit Auszubildenden anderer Unternehmungen Ihrer Branche haben Sie erfahren, dass diese im Rahmen einer betriebsinternen Schulung gezielt auf die Abschlussprüfung vorbereitet werden. Eine ähnliche Prüfungsvorbereitung sollte nach Meinung der Auszubildenden auch in Ihrer Unternehmung eingeführt werden.
Als Sprecher/in der Jugend- und Auszubildendenvertretung sollen Sie das Gespräch mit der Ausbildungsleitung führen.

Literatur

Hier können Sie sich weitergehend informieren:

Krieger, Paul/Hantschel, Hans-Jürgen: Praxis-Handbuch Rhetorik. Bassermann Verlag. München 2005. (ISBN 978-3-8094-1676-0)

5.1.2 Sie führen ein Gespräch partnerorientiert

Lernsituation

Der Tag x ist gekommen. Sie sitzen Ihrem Ausbilder in dessen Arbeitszimmer gegenüber.[1] Jetzt kommt es darauf an, dass Sie Ihre Gesprächsvorbereitung in einer angemessenen Gesprächsführung umsetzen.

[1] Vgl. Lernsituation S. 79

5 | „Kommen Sie bitte morgen zum Gespräch" – Dialogische Formen der mündlichen Kommunikation

Handlungsauftrag

1. Informieren Sie sich mithilfe des folgenden Informationsteils über wichtige Grundsätze der Gesprächsführung.
2. Rollenspiel
   - Bilden Sie in Ihrer Lerngruppe Kleingruppen zu je vier Personen. Bereiten Sie in diesen Arbeitsgruppen das Gespräch zwischen Ausbilder und Auszubildendem vor. Einige Gruppen übernehmen die Rolle des Ausbilders, andere die Rolle des Auszubildenden.
   - Beauftragen Sie in Ihrer Lerngruppe zwei Teilnehmer mit der Durchführung des Gesprächs. Die anderen Mitglieder der Lerngruppe beobachten das Gesprächsverhalten.
   Setzen Sie dazu den Beobachtungsbogen auf Seite 94 ein.

Information

1. Sie gewinnen durch eine partnerorientierte Gesprächsführung Ihren Gesprächspartner für sich

In der Regel will man in einem Gespräch andere gewinnen: für den eigenen Standpunkt, für die eigene Person, für ein Produkt usw. Die besten Argumente verfehlen aber ihr Ziel, wenn sich die Gegenseite „erschlagen" fühlt. Jeder Gesprächspartner muss das Gefühl haben, ernst genommen zu werden, mitreden und mitentscheiden zu können. Durch die folgenden Gesprächstechniken können Sie eine partnerorientierte Gesprächsführung erreichen.

Es darf keine Sieger und keine Besiegten geben.

Aspekte einer partnerorientierten Gesprächsführung

1. Pflegen Sie den Sie-Stil.
Sprechen Sie Ihren Gesprächspartner immer wieder persönlich an. Nennen Sie ihn beim Namen. Dokumentieren Sie dadurch die Wertschätzung seiner Person.

Namensnennung schafft Verbindung.

2. Hören Sie konzentriert zu und lassen Sie den anderen ausreden.
Signalisieren Sie Ihrem Gesprächspartner, dass Sie reflektierend zuhören, z. B. durch verständnisvolle Zwischenfragen bzw. Bemerkungen, durch Blickkontakt und Zunicken. Machen Sie sich bei längeren Redephasen gegebenenfalls Notizen. Schweigen Sie einen kurzen Moment, nachdem der andere seine Ausführungen beendet hat.

Zuhören ist oft das Schwerste.

3. Gehen Sie auf die Argumentation Ihres Gesprächspartners ein.
Zeigen Sie durch Ihre Erwiderung auf einen Gesprächsbeitrag des anderen, dass Sie zugehört haben und seine Meinung ernst nehmen. Wenn Sie widersprechen müssen, würdigen Sie zunächst die Argumentation des anderen. Setzen Sie dabei gezielt die „Ja-Aber-Technik" ein.

Nicht aneinander vorbeireden.

> **Beispiel:**
> „Sie haben einen interessanten Aspekt erläutert, der sicherlich zu beachten ist, aber ..."

Den anderen nicht „totreden".

4. Führen Sie in Ihren Gesprächsbeiträgen jeweils nur einen Kerngedanken bzw. nur ein Argument aus.

Beschränken Sie sich in Ihren Gesprächsbeiträgen jeweils auf ein Argument bzw. auf einen Kerngedanken. Formulieren Sie dabei möglichst kurz und präzise. Nur dadurch stellen Sie sicher, dass Ihr Gegenüber Ihnen gedanklich folgen kann, dass Ihr Argument bei ihm ankommt und dass er dadurch wiederum gezielt antworten kann.

Fair geht vor.

5. Führen Sie das Gespräch fair.

Argumentieren Sie sachbezogen. Setzen Sie Ihren Partner nicht unter Druck und verzichten Sie auf Manipulationen. Spielen Sie Ihre Überlegenheit nicht aus. Machen Sie deutlich, dass Sie gewillt sind, gemeinsam nach Lösungen zu suchen. Fordern Sie Ihr Gegenüber auf, Einwände und Bedenken zu nennen.

Denken Sie daran, dass der „Ton die Musik macht". Wirken Sie nicht verletzend oder arrogant. Greifen Sie Ihren Gesprächspartner vor allem nicht persönlich an.

2. Sie steuern ein Gespräch durch Fragen

Ein Gespräch entwickelt sich in Aktion und Reaktion der Beteiligten. Dies bedingt, dass jedes Gespräch grundsätzlich autonom abläuft. Dennoch stehen Techniken zur Verfügung, mit deren Hilfe Sie ein Gespräch in Ihrem Interesse im begrenzten Umfang lenken können. Besondere Bedeutung kommt der Fragetechnik zu.

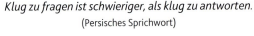

Klug zu fragen ist schwieriger, als klug zu antworten.
(Persisches Sprichwort)

? Offene Fragen

Mit offenen Fragen Informationen einholen.

Offene Fragen beginnen mit einem Fragewort (wie, wann, wo usw.). Sie eröffnen Ihrem Gesprächspartner den größten Antwortspielraum und bringen Ihnen die informativsten Antworten. Setzen Sie offene Fragen bevorzugt in der Informationsphase eines Gesprächs ein.

Beispiel:
„Was haben Sie auf der Baustelle schon alles gelernt?"

Nutzen Sie auch die Möglichkeit, in der offenen Frage das Antwortspektrum Ihres Gesprächspartners auf Aspekte zu lenken, die für Sie positiv sind.

> *Beispiel:*
> *„Welche Erfahrungen konnten Sie aufgrund des intensiven Kundenkontakts auf dieser Baustelle schon machen?"*

? Geschlossene Fragen

Geschlossene Fragen beginnen mit einem Verb. Ihr Gesprächspartner hat nur eine stark eingegrenzte Antwortmöglichkeit, im Prinzip kann er nur mit „ja" oder „nein" antworten. Vermeiden Sie diese Art von Fragen, wenn es darum geht, Informationen von Ihrem Gesprächspartner zu erhalten.

Vorsicht vor geschlossenen Fragen.

Achtung: Die Chance, eine positive „Ja-Antwort" zu erhalten, ist außerdem wesentlich geringer als ein ablehnendes „Nein". Und bei mehreren „Nein" kann ein Gespräch schnell zu Ende sein.

> *Beispiel:*
> *„Wollen Sie noch weiter in dieser Werkstatt ausgebildet werden?"*

? Alternativfragen

Zentrales Element einer Alternativfrage ist das „oder". Sie stellen Ihren Gesprächspartner nicht vor die „Ja-Nein-Entscheidung". Sie eröffnen ihm vielmehr die Wahl zwischen zwei Möglichkeiten, d. h. Sie unterstellen seinen grundsätzlichen Willen.
Stellen Sie aber nie mehr als zwei Möglichkeiten zur Auswahl. Sonst verwirren Sie Ihren Gesprächspartner. Achten Sie vor allem darauf, dass beide Alternativen aus Ihrer Sicht positiv sind. Setzen Sie die von Ihnen favorisierte Lösung an die 2. Stelle. Ihr Partner hört diese Möglichkeit zuletzt, sie ist ihm deshalb intensiver in Erinnerung. Alternativfragen eignen sich, wenn man eine Entscheidung des Gesprächspartners herbeiführen will. Man vermittelt ihm den Eindruck, an der Entscheidungsfindung mitgewirkt zu haben.

Mit Alternativfragen eine Entscheidung herbeiführen.

> *Beispiel:*
> *„Wollen Sie die Baustelle nach zwei oder drei Wochen wechseln?"*

? Suggestivfragen

Suggestivfragen sind Fragen mit „eingebauter Antwort". Noch stärker als bei Alternativfragen unterstellen Sie Ihrem Gesprächspartner etwas. Sie eignen sich nur als Bestätigungsfrage, wenn im Gespräch schon eine Übereinkunft erzielt worden ist. Ansonsten sind Suggestivfragen eher ein Instrument unfairer Gesprächsführung. Wenn Ihr Gesprächspartner Ihren Manipulationsversuch erkennt, besteht die Gefahr, dass er sich einer gemeinsamen Lösungssuche widersetzt.

Auf unfaire Suggestivfragen verzichten.

Beispiel:
„Wie lange kann ich Sie noch in dieser Werkstatt einplanen?"
„Sie sind doch sicherlich auch der Meinung, dass die Arbeit auf dieser Baustelle sehr viele Fertigkeiten des Berufs aufzeigt?"

3. Sie reagieren auf eine unfaire Gesprächsführung

Auf eine unfaire Gesprächsführung sachbezogen reagieren.

Sie führen das Gespräch fair. Es ist aber denkbar, dass Ihr Gesprächspartner sich unfair verhält. Sie müssen dann besonnen, aber bestimmt reagieren.
- Reagieren Sie bei persönlichen Angriffen nicht aggressiv. Antworten Sie mit umkehrbaren „Ich-Aussagen"[1] und lenken Sie das Gespräch auf eine sachliche Ebene.[2]

Beispiel:
„Ihre Vorhaltungen treffen mich sehr. Ich sehe das anders. Aber Vorwürfe helfen uns jetzt nicht weiter."

- Verlangen Sie bei Autoritätsargumenten, dass eine sachliche Begründung gegeben wird.
- Fordern Sie bei Emotionalisierungen Fakten ein.
- Ignorieren Sie Suggestivfragen und Scheinalternativen, weil sie in eine bestimmte Richtung lenken können.
- Bestehen Sie auf Konkretisierungen, wenn Ihr Gesprächspartner durch Verallgemeinerungen ausweichen will.
- Fragen Sie gezielt nach, wenn Ihr Gesprächspartner, z. B. durch eine vorbereitete Antwort, ausweichen will.

---

[1] Vgl. S. 115
[2] Vgl. S. 7

■ **MERKE:**

Gesprächsführung
Das Wichtigste auf einen Blick
- Namen nennen und „Sie-Stil" bevorzugen
- Ausreden lassen und aktiv zuhören
- Gezielt auf den Gesprächsbeitrag des anderen eingehen
- Immer nur einen Kerngedanken ausführen
- Gespräch fair führen
- Auf unfaire Attacken besonnen reagieren
- Partnerfreundlich formulieren:
  Angemessene Wortwahl, verständlicher Satzbau, prägnante Formulierungen ohne Ausschweifungen, keine Übertreibungen (z. B. Superlative), keine übertriebenen Füllwörter („Äh"), kein übertriebener Konjunktiv („Ich würde meinen ...")

Training

1. Im Rahmen einer partnerorientierten Gesprächsführung müssen die Gesprächspartner sich gegenseitig ernst nehmen. Entscheiden Sie, ob die folgenden Aussagen dies sicherstellen. Begründen Sie jeweils Ihre Entscheidung.
   - „Das können Sie doch nicht machen!"
   - „Ich schlage vor, die Sache so zu regeln."
   - „So geht das aber nicht."
   - „Den Vorteil dieser Entscheidung können Sie wohl nicht beurteilen."
   - „Ich bin der Auffassung, dagegen sollten wir etwas unternehmen."
   - „Sie müssen mir genauer zuhören."
   - „Ich glaube, ich habe mich etwas unklar ausgedrückt."
   - „Sie sehen das nicht richtig."

2. In einem Gespräch sollten Sie Formulierungen vermeiden, die auf Ihren Gesprächspartner negativ wirken. Machen Sie Verbesserungsvorschläge:
   - „Das ist völlig falsch."
   - „Das glaube ich Ihnen nicht."
   - „Das ist doch Unsinn."
   - „Sie haben mich wohl nicht richtig verstanden."
   - „Wissen Sie es denn besser?"
   - „Machen Sie das nur. Sie werden schon sehen, was Sie davon haben."

3. Rollenspiel:
   - Bilden Sie in Ihrer Lerngruppe Kleingruppen zu je vier Personen. Bereiten Sie in diesen Arbeitsgruppen die folgenden Gespräche vor. Stellen Sie sicher, dass alle Rollen übernommen werden.
   - Beauftragen Sie jeweils zwei Teilnehmerinnen mit der Durchführung der Gespräche. Die anderen Mitglieder der Lerngruppe beobachten das Gesprächsverhalten. Setzen Sie dazu den Beobachtungsbogen auf Seite 92 ein.

Gesprächsanlässe:[1]
a) Gespräch mit der Schulleitung über die Einrichtung eines Aufenthaltsraums für Schüler
b) Gespräch mit dem Klassenlehrer über eine zweite Klassenfahrt
c) Gespräch mit der Ausbildungsleitung über die Einrichtung einer betriebsinternen Schulung zur Prüfungsvorbereitung
d) Andere Gesprächsanlässe nach Ihrer Wahl

4. Rollenspiel: Der kontrollierte Dialog

Ziel: Sie trainieren:
– Ihrem Gesprächspartner genau zuzuhören
– Selbst präzise zu formulieren
– Auf den Gesprächsbeitrag des anderen gezielt einzugehen
– Sich bei jedem Beitrag auf einen Kerngedanken zu beschränken

Durchführung:
– Es werden Kleingruppen zu je drei Personen gebildet.
– Innerhalb jeder Gruppe vereinbaren die Mitglieder ein kontroverses Thema (z. B.: Sollen menschliche Embryonen geklont werden?).
– Zwei Personen führen die Diskussion, wobei einer die Pro- und der andere die Kontra-Position einnimmt. Das dritte Gruppenmitglied ist Beobachter.
– Ein Partner beginnt das Gespräch und führt das erste Argument für seine Auffassung aus.
– Bevor der zweite Gesprächspartner erwidern darf, muss er die Aussage seines Vorredners mit eigenen Worten zusammenfassend wiederholen.
– Fühlt sich einer nicht richtig wiedergegeben, so stellt er dies ausdrücklich fest: „Ich fühle mich nicht richtig verstanden." Der andere versucht die Wiedergabe dann noch ein zweites Mal. Im Problemfall greift danach das dritte Gruppenmitglied als Beobachter vermittelnd ein.
– Jeder Gesprächspartner beschränkt sich bei seinen Beiträgen jeweils auf einen Kerngedanken. Außerdem muss er auf den unmittelbar vorangegangenen Gedanken seines Vorredners eingehen.
– Nach ca. vier Minuten unterbricht der Beobachter das Gespräch und bewertet die Qualität des Zuhörens und Antwortens.
– Die folgenden Beobachtungsfragen können eine Hilfestellung bei der Kommentierung des Gesprächsverlaufs sein.
– Nach dieser Auswertung wechseln die Rollen, sodass jeder einmal Beobachter gewesen ist. Die Themen sollten ebenfalls wechseln.

[1] Vgl. S. 83 f.

■ **MERKE:**

Beobachtungsfragen zur Übung „Kontrollierter Dialog"
1. Wurde das, was gesagt wurde, zutreffend wiedergegeben? Welche auffälligen Abweichungen gab es?
2. Ist bei den Erwiderungen gezielt auf das vorher Gesagte eingegangen worden?
3. Haben sich die Gesprächspartner jeweils auf einen Kerngedanken beschränkt oder wurde versucht, in einer Aussage so viel zu sagen, dass sie verwirrend wirkte?
4. In welchem Maß hat der Sprecher seine Gedanken gegliedert und logisch aufgebaut?
5. Wurde beobachtet, dass beide Partner aneinander vorbeiredeten?

5. Der „Kontrollierte Dialog" ist zunächst eine rhetorische Übung. Aber auch in bestimmten realen Gesprächssituationen kann es sinnvoll sein, zunächst das zusammenfassend zu wiederholen, was der andere zuvor gesagt hat. In welchen Situationen könnte diese Strategie angebracht sein? Welche Absicht könnte ein Gesprächsteilnehmer mit der Wiederholung verfolgen? Welche Gefahr ist damit verbunden, wenn diese Technik in einem Gespräch zu oft angewandt wird?

6. Sie haben erfahren, dass die Weiterbildungsgesellschaft der IHK/Handwerkskammer einen für Sie interessanten Lehrgang zur beruflichen Fortbildung anbietet (z. B. Meisterschulung, CNC-Technik, Ausbildereignungsprüfung, staatlich geprüfte Technikerin). Sie haben großes Interesse an einer Kursteilnahme.
Die Teilnahmegebühr beträgt 660 €. Die Kursdauer beträgt 60 Unterrichtsstunden, sie finden dienstags und donnerstags von 18:00 bis 21:00 Uhr statt. An beiden Tagen müssen Sie bis 17:00 Uhr arbeiten. Wegen der Verkehrsverhältnisse können Sie deshalb erst um 18:30 Uhr im Weiterbildungszentrum der IHK/Handwerkskammer eintreffen.

Sie stehen kurz vor Abschluss Ihrer Ausbildung. Sie haben Interesse an einer Übernahme nach der Ausbildung, es ist noch nicht geklärt, ob dies möglich ist.

Wegen dieser geplanten Fortbildungsmaßnahme haben Sie einen Gesprächstermin mit der Abteilungsleiterin *Personalführung und -entwicklung* vereinbart. Planen Sie in Kleingruppen das Gespräch. Führen Sie es im Rollenspiel. Werten Sie das Gespräch auf der Basis des folgenden Beobachtungsbogens (Kopiervorlage oder downloaden unter www.bildungsverlag1.de/kommunikationstraining) aus.

7. Trainieren Sie die Beobachtung von Gesprächen. Setzen Sie dazu den folgenden Beobachtungsbogen ein.

Beobachtungsmerkmal	Teilnehmer: ...						Teilnehmer: ...						Teilnehmer: ...					
	++	+	o	-	--	?	++	+	o	-	--	?	++	+	o	-	--	?
Baut zu Beginn ein positives Klima auf																		
Spricht die anderen persönlich an (Sie-Stil)																		
Hört aktiv zu																		
Lässt andere ausreden																		
Antwortet gezielt auf das vom Vorredner Gesagte																		
Beschränkt sich je Redebeitrag auf einen Kerngedanken																		
Vermeidet Ausschweifungen																		
Setzt Fragen zur Steuerung des Gesprächs ein																		
Spricht partnerorientiert (Wortwahl u. a.)																		
Führt das Gespräch fair																		
Antwortet besonnen auf unfaire Attacken																		
Trägt zum positiven Abschluss bei (Zusammenfassung, harmonischer Ausklang)																		
Sonstige Beobachtungen																		

Literatur

Hier können Sie sich weitergehend informieren:

Benien, Karl: Schwierige Gespräche führen. rororo Rowohlt. Reinbek 2003. (ISBN 3-499-61477-4)

Birkenbihl, Vera F.: Fragetechnik schnell trainiert. Das Trainingsprogramm für ihre erfolgreiche Gesprächsführung. 14. Auflage. mvg-Verlag. Heidelberg 2005. (ISBN 3-636-07051-7)

Eisler-Mertz, Christiane: Mit Worten überzeugen. mvg-Verlag. Landsberg am Lech 1998. (ISBN 3-478-08604-3)

5.2 Gespräche führen zu verschiedenen Anlässen

5.2.1 Sie telefonieren mit Erfolg im Beruf

Handlungsauftrag

1. Beurteilen Sie die Telefon-Gesprächsführung von Tina Keller in der obigen Comic-Szene.

2. Führen Sie in Ihrer Lerngruppe eine Kartenabfrage[1] durch. Notieren Sie auf jeder Karte stichwortartig nur eine positive oder eine negative Verhaltensweise am Telefon. Ordnen Sie die Karten übersichtlich an einer Pinnwand, z. B.

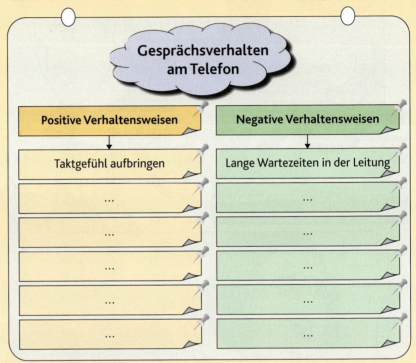

3. Erstellen Sie mithilfe der folgenden Erläuterungen über Telefon-Kompetenz eine Check-Liste. Überprüfen Sie mit dieser Liste Ihr Gesprächsverhalten. Verbessern Sie bei zukünftigen Telefonaten gezielt fehlerhafte Verhaltensweisen. Konzentrieren Sie sich dabei immer nur auf ein oder zwei festgestellte Fehler.

Information

1. Telefonieren kann doch jeder – oder?

Kommt Ihnen die folgende Situation bekannt vor?
Sie rufen bei einer Unternehmung oder Behörde an. Eine mürrische Stimme nuschelt in einem rasanten Tempo eine unverständliche Meldung. Wahrscheinlich hat sie mit dem „Herunterleiern" ihrer Routineformel schon beim Abnehmen des Hörers begonnen. Nicht selten müssen Sie mehrmals nachfragen, um endlich zu wissen, mit wem Sie sprechen.

---

[1] Vgl. S. 24 ff.

2. Warum ist gutes Telefonieren oft schwerer als ein normales Gespräch?

Diese Überlegung dürfte Ihnen vertraut sein: Das kann ich nicht telefonisch regeln. In dieser Angelegenheit muss ich Frau Müller persönlich sprechen.
Warum empfindet man in bestimmten Situationen deutlich, dass das Telefon ungeeignet ist? Es fehlt der direkte Blickkontakt. Dies erschwert die Einschätzung der Situation. So erkennt man z. B. Missstimmigkeiten, die sich spontan in der Mimik des anderen äußern, nicht. Für eine Korrektur des eigenen Gesprächsverhaltens ist es dann oft zu spät. Man hat auch nicht die Möglichkeit, den Gesprächspartner durch körpersprachliche Signale zu beeinflussen, z. B. durch Lächeln, zustimmendes Kopfnicken, vertrauliche Berührung u. a.
Ein hoher Anteil unserer Kommunikation findet non-verbal mit der Körpersprache[1] statt. Dabei bringen wir unsere Beziehung zum Gesprächspartner zum Ausdruck. Am Telefon sind wir „blind" und können uns nur durch unsere Stimme um eine positive Beziehung zum Gesprächspartner bemühen.

3. Wie dokumentieren Sie Telefon-Kompetenz?

Durch die Beachtung von einfachen Grundregeln stellen Sie Ihre Telefon-Kompetenz unter Beweis.

- **Heben Sie zügig ab.**
  Lassen Sie Ihren Anrufer nicht überlange warten, „überrumpeln" Sie ihn aber auch nicht durch sofortiges Abheben nach dem ersten Klingelzeichen.

Legen Sie von Anfang an den Grundstein für ein positives Gesprächsklima.

---
[1] Vgl. S. 13 ff.

- **Melden Sie sich verständlich und vollständig.**

    Beispiel: „Guten Tag, Anlagenbau Wirtz GmbH, mein Name ist Schneider."

    Berücksichtigen Sie, dass insbesondere am Telefon die ersten ein bis drei Silben zwar gehört, aber nicht begriffen werden, insbesondere wenn es sich um neue Informationen handelt. Beginnen Sie deshalb mit dem Gruß und nennen Sie erst danach Namen. Wenn Sie einen schwer verständlichen Namen haben, wiederholen Sie ihn unter Ergänzung des Vornamens.

    Beispiel: „... mein Name ist Strybyczibilsky, Karin Strybyczibilsky."

Ihr Gesprächspartner kann Ihr Lächeln „hören".

- **Lächeln Sie am Telefon.**
    Durch Ihr Lächeln heben sich Ihre Mundwinkel an. Dies bewirkt automatisch, dass Ihre Stimme freundlicher klingt.
    Überprüfen Sie diesen Effekt selbst. Machen Sie ein grimmiges Gesicht und legen Sie Ihre Stirn in Falten. Versuchen Sie nun, folgenden Satz in einem freundlichen Ton zu sprechen: „Ich freue mich, Sie wieder einmal zu sprechen, Frau Schüller." Sie werden feststellen: Das ist unmöglich. Bei freundlicher Aussprache ändert sich Ihr Gesichtsausdruck zwangsläufig.
    Lehnen Sie sich beim Telefonieren entspannt zurück. Auf diese Weise ermöglichen Sie es, dass in Ihrem Körper eine größere Luftsäule in Schwingung kommen kann. Ihre Stimme klingt voller und entspannter und nicht gepresst.

Bauen Sie eine positive emotionale Beziehung zu Ihrem Gesprächspartner auf.

- **Sprechen Sie den anderen mit Namen an.**
    Jeder hört den eigenen Namen gern. Man fühlt sich persönlich ernst genommen. Reden Sie Ihren Gesprächspartner deshalb wiederholt namentlich an. Fragen Sie nach, wenn Sie den Namen nicht verstanden haben oder die Schreibweise unklar ist. Bei Bedarf notieren Sie sich ihn. Bevorzugen Sie darüber hinaus den „Sie-Stil".

Lassen Sie den anderen Ihre Aufmerksamkeit hören. Zuhörenkönnen erweckt Sympathie.

- **Hören Sie aktiv zu.**
    Lassen Sie Ihren Gesprächspartner ausreden. Signalisieren Sie, dass Sie konzentriert zuhören, ihn ernst nehmen und Interesse an seinen Aussagen haben. Auf diese Weise aktivieren Sie ihn auch zum Sprechen. Die so gewonnenen Informationen können, z. B. in einem Verkaufsgespräch, für Ihre eigene Gesprächsstrategie sehr wichtig sein. Aktives Zuhören realisieren Sie durch:
    – Aufmerksamkeitsformulierungen, z. B. „ja", „interessant", „wirklich?", „Das darf nicht wahr sein", „ach", „aha"
    – Feedback geben durch Rückformulierungen und Rückkopplungsfragen, z. B. „Habe ich Sie richtig verstanden, dass ...", „Sie meinen also, dass ..."

- **Knüpfen Sie einen emotionalen Kontakt.**
  Hören Sie indirekte Botschaften und Gefühlslagen des anderen heraus.[1] Sprechen Sie diese Aspekte deutlich an und gehen Sie auf sie ein. Achten Sie in diesem Zusammenhang auch auf situationsspezifische Gegebenheiten.

  > **Beispiel:** „Frau Hollenberg, Sie scheinen noch Probleme zu sehen. Welche Bedenken haben Sie noch?"
  > „Ihre Stimme hört sich müde und abgespannt an, Herr Schneider. Die unvorhergesehenen Wartungsarbeiten nehmen Sie sicherlich sehr in Anspruch?"

- **Vermeiden Sie negative Äußerungen und halten Sie Zusagen ein.**
  Aussagen wie „Keine Zeit", „Rufen Sie später noch einmal an" u. a. haben insbesondere in Telefongesprächen mit Kunden/Auftraggebern nichts zu suchen. Wenn Sie selbst im Moment nicht helfen können, verbinden Sie mit dem zuständigen Mitarbeiter oder bieten Sie einen Rückruf an. Vereinbaren Sie dazu einen festen Termin und halten Sie sich vor allem an Ihre Zusage.

  Bringen Sie Ihr Engagement deutlich zum Ausdruck.

- **Fragen Sie nach und machen Sie sich Notizen.**
  Versuchen Sie, so viele Informationen wie möglich von Ihrem Gesprächspartner zu bekommen. Finden Sie heraus, was er wirklich meint, worauf es ihm wirklich ankommt. Notieren Sie sich schon während des Telefonats wichtige Informationen, vor allem Termine. Wiederholen Sie wichtige Vereinbarungen, um Missverständnisse zu vermeiden. Geben Sie Buchstabierhilfen und bauen Sie Eselsbrücken, wenn Sie selbst Namen oder kompliziertere Begriffe durchgeben.

  > **Beispiel:** Mein Name ist Querbach; Quelle, Ulrich, Emil, Richard, dann -bach wie Fluss."

- **Bringen Sie Ihr Interesse in Ihrer Sprechweise zum Ausdruck.**
  Bei einem Telefonat fehlt der direkte Kontakt. Ihre „Ausstrahlung", Ihre Beziehung zum Gesprächspartner, vor allem aber Ihr Engagement können sich nur durch Ihre Stimme übertragen.
  Eine monotone, stereotype, übermäßig langsame und routinierte Sprechweise signalisiert Desinteresse, Langeweile und geringes Engagement.
  Variieren Sie deshalb Ihre Stimmführung. Heben und senken Sie angemessen Ihre Stimme, wechseln Sie situationsabhängig Tempo und Lautstärke, setzen Sie Akzente durch Sprechpausen. Kurz gesagt: Dokumentieren Sie durch Ihre Sprechweise Ihr Interesse.

---

[1] Vgl. S. 8

Vermeiden Sie nach Möglichkeit Telefongespräche in Stress-Situationen. Setzen Sie sich vor allem nicht selbst unter Stress, indem Sie während des Gesprächs gleichzeitig andere Dinge erledigen. Ihr Gesprächspartner merkt, dass Sie nicht bei der Sache sind.

■ MERKE:

10-Punkte-Plan „Kompetent telefonieren"

1. Telefonat vorbereiten (Unterlagen bereitlegen, Störfaktoren beseitigen u. a.)
2. Am Telefon lächeln, sich freundlich und verständlich melden, positiv ins Gespräch einsteigen
3. Aktiv zuhören, versteckte (Gefühls-) Botschaften erkennen, gezielt fragen
4. Interesse zeigen, Sympathie aufbauen
5. Verständlich formulieren, Fachbegriffe, Fremdwörter, Abkürzungen situationsangemessen erklären
6. Lösungen vorschlagen, Zustimmung einholen
7. Stimme (Lautstärke, Sprechtempo, Tonlage, Sprechpausen) angemessen variieren
8. Gesprächsergebnis zusammenfassen und bestätigen lassen
9. Freundlich verabschieden, bei Bedarf erneuten Telefonkontakt vereinbaren
10. Bei Bedarf Gesprächsnotiz (Aktennotiz) anlegen

Sprechblase: Persönlich wollen Sie IHN sprechen? Irgendwie geht das momentan sehr schlecht - deswegen gibt es ja mich.

Training

1. Über wichtige Telefonate, z. B. mit Kunden oder Auftraggebern, sollten Sie stets eine schriftliche Telefonnotiz anfertigen. Bei der Vorbereitung weiterer Kontaktaufnahmen sind diese Notizen eine wertvolle Hilfe.

   Entwickeln Sie für Telefonnotizen ein Formular, in das Sie schon während des Gesprächs Eintragungen vornehmen können. Sie können bei der Gestaltung auch Symbole (Piktogramme) einsetzen.

2. Informieren Sie sich über die Mind-Map-Technik[1]. Protokollieren Sie mit dieser Methode ein Telefongespräch oder entwerfen Sie ein Stichwortkonzept zur Vorbereitung auf ein wichtiges Telefonat.

Beispiel:
Planung eines Telefongesprächs mit einem Mind-Map

3. Entwerfen Sie ein „Problem-Analyse-Schema" (Format DIN-A4, quer) für einen der folgenden Problemfälle:

   – Ihr Gesprächspartner ist ein Dauerredner.
   – Ihr Gesprächspartner ist ein Schweiger.
   – Ihr Gesprächspartner ist aggressiv und beleidigend.
   – Ihr Gesprächspartner schweift permanent vom Thema ab.
   – Ihr Gesprächspartner weicht aus und kann sich nicht festlegen.

   Bearbeiten Sie in Gruppen zu sechs Teilnehmern nach der „6-3-5-Methode"[1] mit dem entwickelten Schema das von Ihnen ausgewählte Problem.

Beispiel:
Problem-Analyse-Schema

Mein Gesprächspartner ist ein Dauerredner		
Charakteristisches Gesprächsverhalten	Falsche Reaktionen	Tipps für richtiges Gesprächsverhalten
– Monologe	– Noch längere eigene Monologe	– Aktives Zuhören einschränken
– Hört nicht zu	– Feedback geben	– Mit Namensnennung unterbrechen
usw.	usw.	usw.

[1] Vgl. S. 26   [2] Vgl. S. 27 f.

4. Formulieren Sie positiv:
   - „Frau Schneider ist nicht an Ihrem Platz."
   - „Ich kann Sie jetzt nicht verbinden."
   - „Das ist nicht mein Aufgabenbereich."
   - „Bei Stornierungen fällt eine Bearbeitungsgebühr von 150,00 € an."
   - „Bei Sonderanfertigung fällt ein Aufpreis von pauschal 2.500,00 € an."

5. Formulieren Sie im „Sie-Stil":
   - „Wir bitten um Rücksendung der Unterschriftskarte."
   - „Eine Durchschrift des Formulars erhält der Arbeitgeber."
   - „Wir liefern die Anlage in 14 Tagen."
   - „Wir empfehlen eine umgehende Beauftragung, da es sich um einen Restposten handelt."
   - „Wir haben unsere Produktpalette erweitert und bieten nun auch Solaranlagen an."

6. Haben Sie sich auch schon einmal über folgende Situation geärgert? Sie haben Ihrem Gesprächspartner ein komplexeres Anliegen geschildert und dieser antwortet nach Ihren umfangreichen Erläuterungen: „Das ist nicht mein Bereich. Ich verbinde Sie mit der zuständigen Technikerin." Wie können Sie als Anrufer oder als Angerufener solche ärgerlichen Situationen vermeiden?

7. Rollenspiel
   Führen Sie mit einer Partnerin/einem Partner aus Ihrer Lerngruppe ein fiktives Telefongespräch zu einem der unten stehenden Gesprächsanlässe.
   Beachten Sie dabei den 10-Punkte-Plan „Kompetent telefonieren". Argumentieren Sie nicht nur auf der Sachebene, sondern bauen Sie auch einen emotionalen Kontakt auf (Beziehungsebene).
   Werten Sie das Rollenspiel nach seiner Beendigung im Gespräch mit Ihrem Partner und den anderen Teilnehmern Ihrer Lerngruppe aus. Wie haben Sie persönlich und die anderen Beobachter Ihre emotionale Anteilnahme und Ihr Gesprächsverhalten erlebt?
   Vorschläge für Gesprächsanlässe:
   - Ein Kunde ruft an und reklamiert die eingebaute Klimaanlage. Ihr Chef ist zurzeit aber leider auf Außenmontage und kommt erst in drei Tagen zurück.
   - Sie rufen einen Stammkunden an, der sich schon längere Zeit nicht mehr gemeldet hat. Normalerweise mähen Sie alle drei Wochen seinen Rasen.
   - Ein Kunde erkundigt sich nach einem Preis für ein Produkt (Sachgut oder Dienstleistung).
   - Ein neuer Kunde möchte noch für denselben Tag einen Beratungstermin vereinbaren.

8. Wie lautet die Ansage auf dem Anrufbeantworter Ihres Betriebes?

„Lieber Anrufer,
Sie haben richtig gewählt.
Hier ist Ihre Schreinerei Hoffmann.
Wir stärken uns gerade in der Mittagspause,
um Ihnen ab 14.00 Uhr wieder ausgeruht und mit
allen Kräften zur Verfügung zu stehen.
Wollen Sie uns vorab eine Nachricht hinterlassen?
Dann freuen wir uns, wenn Sie nach dem
Signalton sprechen.
Auf Wiederhören."

a) Beurteilen Sie die obige Ansage. Was finden Sie gut, was sollte nach Ihrer Meinung verändert oder ergänzt werden?
b) Überprüfen Sie die Ansagen auf dem Anrufbeantworter in Ihrem Betrieb. Machen Sie bei Bedarf Verbesserungsvorschläge für die Ansagen
– in der Mittagspause
– nach Geschäftsschluss
– während der Urlaubszeit

Hier können Sie sich weitergehend informieren: *Literatur*

Schuler, Helga: Telefonieren leicht gemacht: Basistraining für effektives Telefonieren. Gabal Verlag. 3. Auflage. Offenbach 1996. (ISBN 3-930799-24-3)

5.2.2 Sie führen als Kundenberater Auftragsgespräche

Lernsituation

Zurzeit werden Sie in der Kundenberatung Ihres Ausbildungsbetriebs eingesetzt. Für die nächste Woche haben Sie mit einem Auftraggeber einen Gesprächstermin vereinbart. Der Kunde hat bereits angedeutet, dass er sich für bestimmte Erzeugnisse/Leistungen Ihrer Unternehmung interessiert.

Handlungsauftrag

1. Informieren Sie sich mithilfe des folgenden Informationsteils über den grundsätzlichen Aufbau eines Kunden- bzw. Verkaufsgesprächs.
2. Planen Sie Ihr anstehendes Verkaufs- oder Beratungsgespräch. Beachten Sie folgende Planungsaspekte:
   – Legen Sie mögliche Themen für die Kontaktaufnahme fest.
   – Formulieren Sie Fragen für die Informationsphase.
   – Sammeln Sie Produkteigenschaften und formulieren Sie dazu präzise kundenbezogene Verkaufsargumente.
   – Notieren Sie typische Kundeneinwände und bereiten Sie Ihre Einwandbehandlung vor.
   – Bereiten Sie Abschlusshilfen vor, mit denen Sie Ihrem Kunden die Entscheidung erleichtern können.
3. Führen Sie vor Ihrer Lerngruppe das Beratungsgespräch als Rollenspiel durch. Bitten Sie zuvor ein Mitglied aus Ihrer Lerngruppe, sich auf die Rolle des Kunden vorzubereiten.
4. Analysieren Sie in Ihrer Lerngruppe Ihr Gesprächsverhalten. Berücksichtigen Sie insbesondere folgende Aspekte: Begrüßung, Kontaktaufnahme, Fragetechnik in der Informationsphase, Nutzenargumentation, Einwandbehandlung, Abschlusstechniken.

1. **Als guter Geselle/Facharbeiter sind Sie der Berater Ihres Kunden/Auftraggebers**

Information

Sicherlich haben auch Sie sich als Kunde schon einmal geärgert, weil das erworbene Produkt nicht den erhofften Nutzen gebracht hat. Sie müssen erkennen, dass der Verkäufer nur an seinen Vorteil gedacht hat. Die Konsequenzen sind klar: Mit diesem Geschäftspartner werden Sie zukünftig kein Geschäft mehr abschließen.
Aus dieser persönlichen Erfahrung sollten Sie eine wichtige Lehre ziehen. Wenn Sie in der Rolle des Verkäufers längerfristig erfolgreich sein wollen, müssen Sie sich als sachkundiger und ehrlicher Berater Ihrer Kunden verstehen.
Kein Kunde ist an den Eigenschaften Ihres Produkts interessiert, sondern nur an dem Nutzen, den ihm diese Eigenschaften bringen. Als Verkaufsberater haben Sie damit die Aufgabe, die Wünsche und Probleme Ihres Kunden zu ermitteln und ihm mit Ihrem Angebot die optimale Lösung dieser Probleme zu liefern.

Ein Kundenberater muss zunehmend Problemlöser für den Kunden sein.

2. **Gewinnen Sie Ihren Kunden/Auftraggeber durch eine klare Gliederung des Beratungs-/Auftragsgesprächs**

Bauen Sie Ihr Gespräch übersichtlich auf. Das erleichtert Ihrem Kunden das Verständnis.
Je nach Situation und Kundentyp kann sich immer wieder ein anderer Ablauf ergeben. Als Kundenberater müssen Sie flexibel reagieren können. Dennoch kann folgendes Grundschema als Orientierungshilfe dienen.

Phasen eines Beratungs-/Auftragsgesprächs

Stimmen Sie Ihren Kunden/Auftraggeber durch die Begrüßung positiv ein

Schon der erste Eindruck zählt.

Begrüßen Sie Ihren Kunden mit freundlicher, sicherer Stimme. Sprechen Sie ihn mit Namen an und schauen Sie ihn an. „Sagen" Sie ihm auch mit Ihrer Mimik: „Ich freue mich, Sie zu treffen." Vermeiden Sie jede gleichgültige Routine.

Strecken Sie nicht als Erster die Hand zum Gruß entgegen. Sie dringen damit in die Intimdistanz Ihres Kunden ein, was als aufdringlich empfunden werden kann. Warten Sie die Bewegung Ihres Gesprächspartners ab und reagieren Sie gegebenenfalls mit einem sympathisch festen Händedruck.

Bauen Sie bei Bedarf eine persönliche Atmosphäre auf. Geeignete Kontaktthemen sind: Kinder, Beruf, aktuelles Ereignis u. a.
Versetzen Sie Ihren Kunden durch eine freundliche Bemerkung in eine positive Stimmung.

Beispiel:
„Guten Tag, Frau Hausmann, ich habe Ihre neuen Messgeräte auf der Messe gesehen. Sie erleichtern die Anlagenprüfung wirklich."

Holen Sie Informationen für eine kompetente Beratung ein

Ermitteln Sie mit offenen Fragen die Wünsche und Probleme Ihres Kunden.

Wer viel spricht, erfährt wenig.

Denken Sie daran: Als Kundenberater müssen Sie beweisen, dass Ihr Erzeugnis/Ihre Leistung die Probleme Ihres Kunden löst. Deshalb ist es zwingend erforderlich, diese Probleme zu kennen. Je mehr Informationen Sie über die Bedarfslage besitzen, desto besser können Sie den Kundennutzen Ihres Produktes darstellen. Die informativsten Antworten bringen offene Fragen.[1]

Lassen Sie in dieser Phase Ihren Kunden/Auftraggeber reden. Unterbrechen Sie ihn nicht, sondern hören Sie konzentriert zu. Machen Sie sich bei Bedarf Notizen. Nur so lernen Sie seine Probleme kennen. Nutzen Sie die Zeit, um Ihr Angebot gedanklich vorzubereiten. Außerdem dokumentieren Sie durch Ihr Zuhören Interesse an

den Problemen Ihres Kunden. Alleine dadurch gewinnen Sie ihn schon für sich.

---

[1] Vgl. S. 86 f.

Verhindern Sie, dass der Eindruck einer „Verhörsituation" entsteht:
- Leiten Sie die Fragen mit der Anrede ein, z. B. „Frau Meier, wann …"
- Kündigen Sie Ihre Fragen an, z. B. „Darf ich noch eine Frage stellen? Wie …"
- Formulieren Sie indirekte Fragen, z. B. „Unsere Technikerin, Frau Schmitz, muss wissen, woher …"
- Begründen Sie neugierig klingende Fragen, z. B. „Es klingt vielleicht neugierig, aber wann …"

Argumentieren Sie nutzenbezogen

Aus der Sicht Ihres Kunden gibt es keine Verkaufsargumente, sondern nur Kaufargumente. Das heißt, Ihre Argumente müssen den individuellen Nutzen für den Kunden hervorheben (Nutzenargumente). Es bringt nichts, wenn Sie bloß die Eigenschaften Ihres Produkts anpreisen. Sie müssen vielmehr deutlich machen, inwiefern jedes Produkt- bzw. Leistungsmerkmal ein Problem Ihres Kunden löst.

Verkaufen Sie nicht Produkteigenschaften, sondern Kundennutzen.

Bieten Sie Ihrem Kunden die optimale Lösung für seine Probleme an.

Überfordern Sie nicht die Gedächtnisleistung Ihres Kunden, indem Sie ihn mit einer Vielzahl von Argumenten „überschütten". Finden Sie in der Informationsphase die zwei oder drei Vorteile heraus, die ihn wirklich überzeugen. Bedenken Sie auch: Mehrere Argumente, die direkt hintereinander vorgebracht werden, schmälern gegenseitig ihre Überzeugungskraft.

Beschränken Sie sich in der Anzahl Ihrer Argumente.

■ MERKE:

Nutzenbezogen argumentieren
- Bringen Sie am Anfang und am Schluss ein starkes Argument.
- Bringen Sie gerade so viele Argumente wie zur Überzeugung nötig sind.
- Kündigen Sie Ihr Argument an, z. B. durch die Anrede Ihres Kunden.
- Heben Sie Ihr Argument durch eine Sprechpause ab.
- Formulieren Sie Ihr Argument präzise in einem einfachen Satz.
- Geben Sie Ihrem Kunden Gelegenheit zur Stellungnahme und überprüfen Sie so die Wirkung Ihres Arguments.

Sehen Sie Kundeneinwände positiv

Einwände signalisieren, dass sich Ihr Kunde ernsthaft mit Ihrem Produkt/Ihrer Leistung auseinandersetzt. Bei Desinteresse werden Sie mit einer unreflektierten Ablehnung konfrontiert.

Es ist normal, wenn in einem Entscheidungsprozess Zweifel und Unsicherheiten aufkommen. Wenn sie sich in Einwänden äußern, dann nutzen Sie diese Chance. Die Einwände zeigen, wo die Widerstände Ihres Kunden liegen und wie Sie weiter argumentieren müssen.

Auf Kundeneinwände können Sie mit verschiedenen Techniken reagieren:

Ein Kundeneinwand ist ein positives Signal.

■ **MERKE:**

- Reagieren Sie mit offenen Fragen. Zwingen Sie Ihren Kunden „Farbe" zu bekennen. Finden Sie die wahren Hintergründe heraus. Widerlegen Sie die Bedenken.
- Nennen Sie als konkrete Referenzen Kunden, die zunächst denselben Einwand hatten, dann aber überzeugt werden konnten.
- Stellen Sie den Einwand zurück, bis Sie ihn durch weitere Argumente abgeschwächt haben.
- Nehmen Sie selbst einen erwarteten Einwand vorweg und widerlegen Sie ihn mit einem Nutzenargument.
- Setzen Sie die „Ja-aber-Methode" ein. Artikulieren Sie zunächst Verständnis („o.k.", „einverstanden", „Ich kann Ihre Auffassung nachvollziehen" u. a.). Nach einer kurzen Sprechpause leiten Sie Ihre Gegenargumentation ein („andererseits", „allerdings", „Bedenken Sie aber ..." u. a.).

Erkennen Sie die Kaufbereitschaft und führen Sie den Abschluss herbei

Nur selten sagt Ihr Kunde: „Ich will bestellen."

Ihr Kunde kann in jeder Gesprächsphase seine Kaufbereitschaft signalisieren. Er äußert Sie aber in der Regel nicht direkt. Es ist deshalb nicht immer leicht, die Abschlussreife zu erkennen. Indizien können sein:
– Ihr Kunde fragt konkret nach Service, Lieferzeit, Garantie u. a.
– Ihr Kunde wartet ab, zögert, zweifelt.
Bringen Sie jetzt keine neuen Argumente, sondern zerstreuen Sie die Zweifel und schlagen Sie den Abschluss vor. Wenn Sie die Gunst der Stunde nicht erkennen, besteht die Gefahr, dass Ihr Kunde es sich wieder anders überlegt.

Provozieren Sie den Abschluss aber nicht aufdringlich, z. B. „Dann notiere ich schon einmal den Auftrag." Üben Sie auch keinen Druck auf den Kunden aus, z. B. „Sie sollten jetzt den Auftrag erteilen, da wir in drei Tagen eine neue Preisliste haben." Vermeiden Sie auch abschreckende Begriffe, z. B. „unterschreiben", „Vertrag", „Kosten".
Erleichtern Sie Ihrem Kunden/ Auftraggeber vielmehr seine Kaufentscheidung.

Hüten Sie sich vor „Abschlusskillern".

■ **MERKE:**

Geben Sie Entscheidungshilfen
- Zeigen Sie Ihrem Kunden, dass Sie Verständnis für sein Zögern haben.
- Stellen Sie eine Alternativfrage[1], z. B. „Wollen Sie die Pflegearbeiten lieber im Spätherbst oder im nächsten Frühjahr durchführen lassen?"
- Stellen Sie eine Suggestivfrage[2], z. B. „Was meinen Sie, wie viele Tonnen Sie benötigen?"
- Fragen Sie Ihren Kunden nach den Ursachen für sein Zögern.
- Zeigen Sie die Vorteile eines Abschlusses auf.
- Unterstellen Sie einen Abschluss, z. B. „Sie werden sehen, Ihre nächste Inventur wird durch unser Überwachungssystem wesentlich besser ausfallen."
- Bewahren Sie sich ein schlagkräftiges Nutzenargument für die Abschlussphase auf.

Führen Sie Ihren Kunden zum „Ja".

Verabschieden Sie den Kunden freundlich
Verabschieden Sie sich freundlich, unabhängig vom Ausgang des aktuellen Gesprächs. Der letzte Eindruck bleibt in der Erinnerung Ihres Kunden haften. Dieser Eindruck muss gut sein. Fixieren Sie mit Ihrer Verabschiedung auch einen Anknüpfungspunkt für zukünftige Gespräche.

Schlagen Sie nicht die Tür zu, wenn der Kunde nicht gekauft hat.

Beispiel:
„Auf Wiedersehen, Frau Schneider. Auch wenn ich Sie noch nicht ganz vom Nutzen unseres Systems überzeugen konnte, war das Gespräch für mich sehr interessant. Die Unterlagen, für die Sie gerade Interesse zeigten, werde ich bei unserer Technik besorgen und Ihnen zukommen lassen."

---
[1] Vgl. S. 87
[2] Vgl. S. 87 f.

Training

1. Nach der Begrüßungsphase benötigen Sie einen „Anknüpfungspunkt", um zur Informationsphase überleiten zu können. Beurteilen Sie die folgenden Gesprächseinstiege. Verbessern Sie sie bei Bedarf.
   a) „Ich weiß nicht, ob Sie unser neues Modell „Z 2000" schon kennen?"
   b) „Im letzten Rundschreiben haben wir Sie darüber informiert, dass die neue Modellreihe im April auf den Markt kommt."
   c) „Es tut mir leid, wenn ich Sie bei Ihren Abschlussarbeiten störe, aber unsere neuen Messgeräte müssen Sie einfach sehen."
   d) „Es wird ja auch Zeit, dass wir uns über die von Ihnen gewünschten Bestellmengen unterhalten."
   e) „Leider haben Sie ja unseren Messestand nicht besucht; deshalb müssen Sie sich jetzt einmal unser neues System ansehen."
   f) „Als kostenbewusster Abteilungsleiter legen Sie doch besonderen Wert auf eine energiesparende Anlage."
   g) „Ich bin gerade hier in der Gegend und da habe ich mir gedacht ..."
   h) „Sicher stellt für Sie die Einhaltung der neuen Umweltschutzrichtlinien auch ein Problem dar."

2. Legen Sie nach Ihrer Wahl eine typische Beratungssituation aus Ihrem beruflichen Alltag fest. Formulieren Sie für die Informationsphase Fragen an den Kunden.

   Beispiel aus der Fachrichtung „Gestaltung und Instandhaltung" (Malerin/Lackiererin):
   Sie sind für die Kundenberatung in Ihrem Betrieb verantwortlich. Am Beratungstisch sitzt Ihnen Frau Schneider gegenüber. Sie möchte gerne den Eingangsbereich ihres Sonnenstudios renovieren und holt verschiedene Angebote ein, um ihre Kosten so gering wie möglich zu halten. Welche Fragen stellen Sie ihr?

3. Geschlossene Fragen legen eine Ja- oder Nein-Antwort nahe. Nach mehreren Nein-Antworten des Kunden kann das Beratungsgespräch schnell beendet sein. Formulieren Sie die folgenden geschlossenen Fragen in offene Fragen um.
   a) „Können Sie den Liefertermin bis morgen mit Ihren Technikern abstimmen?"
   b) „Sind Sie mit 5 % Mengenrabatt einverstanden?"
   c) „Soll ich mich noch einmal mit Ihnen telefonisch in Verbindung setzen?"
   d) „Haben Sie noch Fragen zu unserem neuen System?"
   e) „Soll ich Ihnen unseren Prospekt zuschicken?"
   f) „Können wir diese Problematik einmal mit Ihren Technikern zusammen besprechen?"

4. In der Informationsphase ermitteln Sie die Bedürfnisse Ihres Kunden/Auftraggebers. In Ihrer Verkaufsargumentation müssen Sie den Kunden davon überzeugen, dass Eigenschaften Ihres Produkts/Ihrer Dienstleistung diese Bedürfnisse befriedigen.
   Sammeln Sie mithilfe der „6-3-5-Methode"[1] Kundenbedürfnisse, Produktmerkmale und kundenbezogene Verkaufsargumente für ein Produkt/eine Leistung

---

[1] Vgl. S. 26

Ihrer Wahl. (Vorlage des Schemas downloadbar unter www.bildungsverlag1.de/kommunikationstraining)

Beispiel:

Verkauf einer Klimaanlage an einen Auftraggeber		
Kundenbedürfnis	Produktmerkmal	Argument
Sicherheit	5 Jahre Garantie	Mit der Installation dieser Anlage ist eine „Service-Vertrag Garantie" verbunden. Das bedeutet für Sie, dass Sie in den ersten fünf Nutzungsjahren kein Reparaturrisiko tragen.

usw.

5. a) Führen Sie in Ihrer Lerngruppe eine Kartenabfrage[1] zu Einwänden durch, die von Kunden/Auftraggebern immer wieder vorgebracht werden. Ordnen Sie diese Einwände unter geeigneten Oberbegriffen. Beziehen Sie sich bei Bedarf auf die Fachrichtung, in der Sie ausgebildet werden oder tätig sind.

Beispiel:

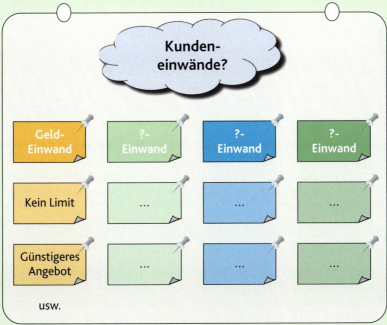

[1] Vgl. S. 24 ff.

b) Entwerfen Sie mithilfe eines „Problem-Analyse-Schemas" Reaktionen auf beliebige Einwände, die Sie im Zusammenhang mit der Teilaufgabe a) gesammelt haben. Setzen Sie dabei verschiedene Techniken der Einwandbehandlung ein.

Beispiel:

Die Behandlung von Kundeneinwänden		
Kundeneinwand	Technik	Erwiderung
„Ihr Angebot ist zu teuer."	„Ja-Aber-Methode"	„Sicherlich gibt es Discountpreise, bedenken Sie aber, dass Sie in Problemfällen kostenlos unsere Hotline in Anspruch nehmen können – und das rund um die Uhr."

usw.

6. Mit Alternativfragen erleichtern Sie Ihrem Kunden den Abschluss. Stellen Sie nicht mehr als zwei Aspekte zur Auswahl. Die von Ihnen favorisierte Möglichkeit steht an zweiter Stelle, sie klingt damit Ihrem Kunden noch im Ohr. Formulieren Sie zu unten stehenden Zielsetzungen passende Alternativfragen.

Beispiel:

Zielsetzung	Alternativfrage
Sie wollen einen Kaufabschluss über 100 Einheiten erreichen.	„Ab einer Bestellmenge von 100 Einheiten erhalten Sie 15 % Mengenrabatt. Ordern Sie 50 oder 100 Exemplare?"

a) Sie wollen einen neuen Gesprächstermin, möglichst an einem Mittwoch, vereinbaren.
b) Ihr Kunde soll zum Kaufabschluss geleitet werden, wobei Sie daran interessiert sind, dass er die Messing- und nicht die Kunststoffausführung Ihres Produkts bestellt.
c) Ihr Kunde soll einen Auftrag erteilen und eine Metallic-Ausführung bestellen.

7. Informieren Sie sich darüber, was unter Cross-Selling zu verstehen ist. Sammeln Sie für Ihre Fachrichtung Ansätze für Cross-Selling.

8. Professionell geführte Beratungs- und Auftragsgespräche sichern die Wettbewerbsfähigkeit eines jeden Betriebes. Deshalb ist es wichtig, dass Sie sich als Gesellin oder Facharbeiter gewissenhaft auf Kundengespräche vorbereiten. Es bietet sich an, für diese Vorbereitung ein Orientierungsraster zu entwerfen. Im Folgenden sehen Sie ein Beispiel für ein Vorbereitungsraster zum Ausbildungsberuf „Maler/-in und Lackierer/-in".

„Mein Job! Farbberatung des Kunden"

1.) Analyse (Grundüberlegungen zur Farbgestaltung):

Zweck des Raumes:

Ziel der Farbgebung:

(Was ist veränderbar/unveränderbar?)

_____

2.) Erste Überlegungen zu Farbtönen:

_____

3.) Farbauswahl:

	Farbvorschlag I	Farbvorschlag II
gegebene Farbtöne:		
Dominante:		
Subdominante:		
Akzent：		

_____

4.) Weitere Ideen/Anregungen:

Entwerfen Sie für Ihren Ausbildungsberuf ein ähnliches Raster zur gedanklichen Vorbereitung von Kundengesprächen.

Hier können Sie sich weitergehend informieren:

Literatur

Scheerer, Harald/Kohlmann-Scheerer, Dagmar: Kundenlust statt Kundenfrust. Gabal Verlag. 3. Auflage. Offenbach 2001. (ISBN 3-897491-39-7)

5.2.3 Reklamationen – behalten Sie nicht recht, behalten Sie den Kunden

Lernsituation

In einem Baumarkt

Kunde: Guten Tag, das Laminat, das ich vor zwei Wochen bei Ihnen gekauft habe, ist total brüchig geworden. Sehen Sie mal. Sicherlich ist dies ein Produktionsfehler.
(Der Kunde demonstriert die Laminat-Paletten und zeigt die Risse)

Berater: So etwas haben wir noch nie gehabt. Bestimmt haben Sie das Laminat zu Hause falsch gelagert. Sie sagen ja selbst, dass Sie das Laminat schon seit zwei Wochen haben.

Kunde: *(erregt)* Ich habe das Laminat nicht falsch gelagert. Erzählen Sie doch nicht so einen Blödsinn.

Berater: Werden Sie nicht unverschämt. Ich erzähle bestimmt keinen Blödsinn.

Kunde: *(mit Beherrschung)* Lassen wir das. Was machen wir mit dem Laminat? So kann ich es nicht verarbeiten; Sie haben es selbst gesehen.

Berater: Wenn das Laminat wirklich fehlerhaft sein sollte, dann hat das unser Lieferer zu verantworten. Wir können das Laminat zum Werk einschicken und dann bekommen sie, wenn wirklich ein Produktionsfehler vorliegt, das Laminat ersetzt.

Kunde: Wie lange kann es dauern, bis ich das Laminat zurückbekomme?

Berater: Genau kann man das nicht sagen, aber mit mindestens drei Wochen müssen Sie schon rechnen.

Kunde: Drei Wochen?! So lange kann ich auf das Laminat nicht warten. Ich brauche es jetzt. Wir sind mitten im Umbau und ich will noch vor Weihnachten fertig werden. Ich schlage vor, dass ich mir in Ihrer Abteilung neue Laminat-Bretter aussuche. Und wenn Sie kein passendes Laminat mehr haben, erstatten Sie mir den Kaufpreis und nehmen das Laminat zurück.

Berater: Sie sind vielleicht lustig: Wir können doch nicht einfach ein paar beschädigte Laminat-Bretter zurücknehmen. Wie gesagt, wir können versuchen, dass Sie das Laminat vom Hersteller ersetzt bekommen.

Kunde: *(erregt)* Ich möchte sofort die Geschäftsführerin oder den Geschäftsführer sprechen.

Berater: Die können Sie jetzt nicht stören. Die ist in einer wichtigen Besprechung.

> **Handlungsauftrag**
>
> 1. Informieren Sie sich mithilfe des folgenden Informationsteils über die Gesprächsführung bei Reklamationsgesprächen mit Kunden/Auftraggebern.
> 2. Analysieren Sie mit diesem Wissen das obige Gespräch. Welche Fehler macht insbesondere der Berater?
> 3. Formulieren Sie für den Berater Aussagen, die eine professionelle Abwicklung der Reklamation sicherstellen.

1. Begreifen Sie Reklamationen als Chance

Information

Die Erledigung einer Reklamation im Sinne des Kunden wirkt positiver als eine Auftragserfüllung. Betrachten Sie einen Kunden, der reklamiert, deshalb als Chance. Er kommt zu Ihnen und Sie haben Gelegenheit, ihn zufriedenzustellen. Problematischer wäre es, wenn er ohne Rückmeldung als Kunde verloren ginge und negative Propaganda über Ihren Betrieb verbreitete.

Reklamationen sind eine erfreuliche Angelegenheit.

2. Managen Sie Reklamationen professionell

Zeigen Sie Verständnis

Reklamierende Kunden brauchen zuerst ein Ventil, um ihren Unmut loswerden zu können:
- Hören Sie ruhig und sichtbar konzentriert zu. Zeigen Sie Ihrem Kunden mit Ihrer Körpersprache, dass Sie sein Anliegen wichtig und ernst nehmen.
- Lassen Sie den Kunden ausreden. Unterbrechen Sie ihn nicht vorschnell, um sich zu rechtfertigen oder um den Kunden zu korrigieren.
- Zeigen Sie als Erstes Verständnis, nachdem der Kunde ausgeredet hat. Nehmen Sie Anteil an seinem Ärger, seiner Enttäuschung. Wiederholen Sie gegebenenfalls kurz mit eigenen Worten die Probleme des Kunden.
- Stehen Sie zu eventuellen Fehlern und entschuldigen Sie sich dafür.

Geben Sie Ihrem Kunden Gelegenheit, „Dampf abzulassen".

Erforschen Sie die Ursachen auf der Sachebene

Betreiben Sie gewissenhafte Ursachenforschung.

Ihr Kunde/Auftraggeber will nicht nur Verständnis erfahren, er ist auch an einer Lösung für sein Problem interessiert.
- Verharmlosen Sie die Beschwerde nicht und weisen Sie den Kunden nicht ab.
- Schieben Sie die Schuld nicht auf andere. Greifen Sie vor allen Dingen den Kunden nicht an.
- Halten Sie sich mit „billigen Ausreden" zurück.
- Klären Sie die Ursachen für die Beschwerde. Fragen Sie gezielt nach. Machen Sie sich gegebenenfalls Notizen.
- Lenken Sie bei persönlichen Angriffen durch den Kunden auf die Sachebene zurück.

Suchen Sie nach Lösungen

In der Regel gibt es für jedes Problem eine faire Lösung.

- Zeigen Sie Lösungsmöglichkeiten auf. Wenn das Grundproblem nicht gelöst werden kann, suchen Sie nach Alternativen.
- Treffen Sie mit dem Kunden eine verbindliche Vereinbarung. Vergewissern Sie sich, dass der Kunde wirklich einverstanden ist und dass kein Missverständnis eingetreten ist.
- Versprechen Sie nichts, was Sie nicht halten können.

Sorgen Sie für einen positiven Ausklang

Der letzte Eindruck bleibt haften.

- Entschuldigen Sie sich gegebenenfalls noch einmal für Fehler.
- Sagen Sie eine rasche und gründliche Erledigung der Reklamation verbindlich zu.
- Kündigen Sie gegebenenfalls Präventivmaßnahmen an.
- Verabschieden Sie den Kunden freundlich und verbindlich.

Training

1. Sammeln Sie in Ihrer Lerngruppe mithilfe einer Kartenabfrage[1] Formulierungen, mit denen Sie auf eine Kundenreklamation verständnisvoll reagieren können.

2. Mit folgenden Aussagen reagiert ein Verkäufer/Berater in einem Reklamationsgespräch auf die Problemschilderung des Kunden. Beurteilen Sie, ob diese Erwiderungen problematisch sind. Verbessern Sie gegebenenfalls die Formulierungen.
    a) „Nun werden Sie einmal sachlich."
    b) „Da liegt bestimmt ein Bedienungsfehler vor."
    c) „Nein, das kann überhaupt nicht sein."
    d) „So etwas ist noch nie passiert."
    e) „Dafür ist unser Lieferer verantwortlich."
    f) „Das stimmt doch gar nicht."
    g) „Sie sind der Erste, der das reklamiert."
    h) „Da haben die in der Qualitätskontrolle geschlafen."

---

[1] Vgl. S. 24 ff.

3. In Reklamationsgesprächen ist der Kunde/Auftraggeber oft verärgert. Dies äußert sich in negativen „Du-Aussagen", z. B. „Mit dieser Anlage haben Sie mir den letzten Schund installiert." Verstärken Sie die Aggressivität des Kunden nicht, indem Sie als Berater mit einer negativen „Du-Aussage" reagieren, z. B. „Werden Sie bloß nicht unverschämt."

   „Auf einen groben Klotz gehört kein grober Keil."

   Antworten Sie auf Angriffe mit umkehrbaren „Ich-Aussagen".
   Negative „Du-Aussagen" klagen an, enthalten einen Vorwurf an den Gesprächspartner. Bei einer „Ich-Aussage" teilen Sie dagegen Ihre persönliche Empfindung mit. Dabei ist es wichtig, klar zu sagen, was Sie stört. Damit zeigen Sie dem aggressiven Kunden, was er bei Ihnen angerichtet hat. Unausgesprochen steht damit auch die Bitte an den Kunden im Raum, dies wieder zu ändern. Dem können sich die meisten Kunden nur schwer entziehen.
   "Ich-Aussagen" sind meistens auch umkehrbar. Eine Aussage ist umkehrbar, wenn Sie sie so formulieren, dass auch Sie nicht verletzt wären, wenn jemand diese Äußerung an Sie richtete.

   Beispiel:

Nicht umkehrbare Aussage	Umkehrbare Aussage
„Das sehen Sie völlig falsch."	„Ich bin in diesem Punkt anderer Meinung."

   a) Formulieren Sie zu folgenden Kundenaussagen eine umkehrbare „Ich-Aussage" als Erwiderung.
      – „Das ist doch alles Unsinn, was Sie mir jetzt erzählen."
      – „In Ihrem Laden klappt aber auch gar nichts."
      – „Ihre Anlage taugt nichts."
      – „Sie haben mich vor zwei Wochen völlig falsch beraten. Die Betriebskosten sind tatsächlich 50 % höher."
      – „Sie haben mir beim Verkauf der Anlage verschwiegen, dass bei Schichtbetrieb kürzere Wartungsintervalle zu beachten sind."
   b) Sammeln Sie mithilfe einer Kartenabfrage[1] weitere aggressive „Du-Aussagen" von Kunden in Reklamationsgesprächen. Formulieren Sie dazu umkehrbare „Ich-Aussagen" als Erwiderung.

Hier können Sie sich weitergehend informieren:

Literatur

Leicher, Rolf: Verkaufen. Haufe Verlag. 5. Auflage. Freiburg 2006. (ISBN 3-448-07746-1)

---

[1] Vgl. S. 24 ff.

5.2.4 Beeindrucken und überzeugen Sie in Bewerbungsgesprächen

Lernsituation

Als Schülerin einer berufsvorbereitenden Schule oder als Auszubildende haben Sie sich auf eine Ausbildungsstelle bzw. Arbeitsstelle (nähere Angaben nach eigener Wahl) beworben, die Sie nach Abschluss Ihrer (Schul-) Ausbildung antreten möchten.

Aufgrund Ihrer Bewerbung erhalten Sie folgendes Schreiben.

MOELLER
We keep power under control.

Moeller GmbH · D-53105 Bonn

Moeller GmbH

Frau
Marie-Theres Muster
Hoffnungstaler Straße 1
D-53111 Bonn

Ihre Zeichen Your reference	Ihr Schreiben vom Your letter of	Unsere Zeichen Our reference	Tel. ++49 (0) 2 28 6 02-0 Durchwahl/Extension	FAX ++49 (0) 2 28 6 02- FAX	Datum Date
		UP/MÜ	-11 34		2007-11-10

Ihre Bewerbung vom 23. September 2007

Sehr geehrte Frau Muster,

der Inhalt Ihrer Bewerbung hat uns sehr angesprochen. Deshalb möchten wir den gewonnenen Eindruck in einem persönlichen Gespräch festigen. Als Termin schlagen wir Ihnen den

20. November 2007

in unserer Hauptverwaltung, Hein-Moeller-Straße 11 in Bonn, vor.

Ihre Gesprächspartner sind Frau Schneider und Herr Meier.

Bitte bestätigen Sie uns den Termin, ggf. telefonisch unter der Telefonnummer (02 28) 6 02-11 34. Den beiliegenden Personalfragebogen bringen Sie bitte ausgefüllt zum Gespräch mit. Selbstverständlich tragen wir die anfallenden Reisekosten in Höhe der steuerlich zulässigen Erstattungsbeträge.

Wir freuen uns auf Ihren Besuch.

Mit freundlichen Grüßen

MOELLER GMBH
Personalentwicklung

i. A. *Müller*

Müller

Anlage
Wegweiser
Personalfragebogen

Moeller GmbH Hein-Moeller-Straße 7-11 D-53115 Bonn Tel.: ++49 (0) 602-0 Fax: ++49 (0) 602-1558	Rechtsform: Gesellschaft mit beschränkter Haftung Sitz der Gesellschaft: Bonn Registergericht Bonn Nr. HRB 285	Aufsichtsrat: Dr. Emil Seidel, Vorsitzender Geschäftsführer: Rudi Boldin, Martin Rapp	Commerzbank Bonn BLZ 380 400 07 Konto-Nr. 1 200 096

Auf dieses wichtige Gespräch wollen Sie sich vorbereiten.

> **Handlungs-auftrag**

1. Führen Sie in Ihrer Lerngruppe eine Kartenabfrage[1] durch. Sammeln Sie:
   a) Fragen, mit denen ein Bewerber rechnen muss,
   b) Fragen, die der Bewerber stellen sollte.
   Schreiben Sie auf jede Karte eine kurz und präzise formulierte Frage. Ordnen Sie die Fragen an den Bewerber nach übergeordneten Gesichtspunkten. Welche Themenbereiche ergeben sich?
2. Sammeln Sie mithilfe der „6-3-5-Methode"[2] „knifflige" Fragen an den Bewerber, den jeweiligen Hintergrund der Frage sowie geeignete Antworten.

   Beispiel:

Beantwortung kritischer Fragen im Bewerbungsgespräch		
Frage an den Bewerber	**Hintergrund der Frage**	**Hinweise für eine optimale Beantwortung**
„Haben Sie sich noch bei anderen Unternehmungen beworben?"	Die Ernsthaftigkeit der Bewerbung erforschen; die Wertschätzung gegenüber dem potenziellen Arbeitgeber/Ausbildungsbetrieb ermitteln.	Hohe Identifikation mit der aktuellen Bewerbung zum Ausdruck bringen, glaubwürdig bleiben (Gerade bei Ausbildungsplatzsuche sind Parallelbewerbungen normal.), Widersprüche vermeiden (z. B. parallele Bewerbung um eine Ausbildungsstelle als Bürokauffrau und Erzieherin).

   usw.

3. Informieren Sie sich mithilfe des folgenden Informationsteils über das Bewerbungsgespräch.
4. Trainieren Sie das Bewerbungsgespräch mithilfe des folgenden Rollenspiels.
   Zur Vorbereitung auf das Rollenspiel schreiben alle Mitglieder der Lerngruppe einen Bewerbungsbrief und einen Lebenslauf im Hinblick auf eine sie interessierende Stellenanzeige.
   Danach werden Kleingruppen zu je vier Personen gebildet: zwei Bewerber und zwei Interviewer (Personalleiter). In der Vorbereitungsphase zum Rollenspiel informieren sich die Interviewer anhand der Unterlagen (Stellenanzeige, Bewerbung, Lebenslauf) über die Stelle und die Bewerber. Sie bereiten Fragen für das Bewerbungsgespräch vor. Ebenso überlegen sich die beiden Bewerber zu erwartende Fragen und Antworten. Sie bereiten auch Fragen vor, die sie selbst stellen wollen.
   Ausgewählte Rollenspieler demonstrieren vor der gesamten Lerngruppe ihre Bewerbungsgespräche. Die anderen Teilnehmer der Lerngruppe beobachten den Gesprächsverlauf. Das sich anschließende Auswertungsgespräch sollte insbesondere auf folgende Aspekte eingehen: Reaktion der Bewerber auf kritische Fragen; Qualität der Fragen, die der Bewerber gestellt hat; vermittelter Gesamteindruck des Bewerbers u. a.

---

[1] Vgl. S. 24 ff. [2] Vgl. S. 26

5 | „Kommen Sie bitte morgen zum Gespräch" – Dialogische Formen der mündlichen Kommunikation

Information

1. Verkaufen Sie sich in einem Bewerbungsgespräch gut

Verkaufen Sie sich gut, aber preisen Sie sich nicht reißerisch an.

Ein Bewerbungsgespräch ist mit einem Verkaufsgespräch zu vergleichen. Sie müssen Ihren Gesprächspartner davon überzeugen, dass Sie die richtige Person für die Lösung seiner Probleme (z. B. Erledigung von bestimmten Arbeiten) sind.
Aber Achtung: Ihre Persönlichkeit ist keine Billigware, die Sie reißerisch anbieten sollten.
Wie jeder andere werden auch Sie Ihre Stärken und Schwächen haben. In einem Bewerbungsgespräch müssen Sie daher mit zwei Typen von Fragen rechnen.

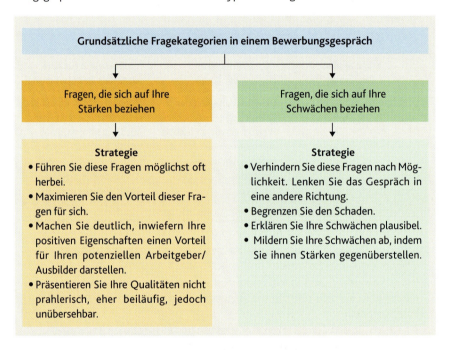

Nutzen Sie die Vorhersehbarkeit eines Bewerbungsgesprächs für eine sorgfältige Vorbereitung Ihrer Gesprächsbeiträge (Antworten, Stellungnahmen, Fragen).

2. Sehen Sie den Ablauf eines Bewerbungsgesprächs vorher

Im Gegensatz zu Fachgesprächen in Prüfungen[1] können Sie den Gesprächsablauf und das Fragenrepertoire bei einem Bewerbungsgespräch in Grenzen vorhersehen.
Nutzen Sie diese Chance. Bereiten Sie Ihre Antworten auf die erwarteten Fragen vor. Trainieren Sie sie mithilfe des „Sprech-Denkens"[2]. Bedenken Sie, dass Ihre Antworten im Gespräch „Mini-Reden" sind, die Sie rhetorisch gekonnt präsentieren müssen.[3]
Eine gute Vorbereitung ist umso wichtiger, als viele Fragen recht heikel sind. In der Stress-Situation des Vorstellungsgesprächs erkennen Sie nicht immer den eigentlichen Hintergrund der Frage. Auf diese Intention des Fragestellers müssen Sie Ihre Antwort jedoch ausrichten.

[1] Vgl. S. 123 ff.   [2] Vgl. S. 47 ff.   [3] Vgl. S. 58 ff.

Begrüßung und Small Talk

Ihr Gesprächspartner gewinnt den allerersten Eindruck von Ihrer Person. Ist dieser positiv, neigen viele Personalleiterinnen und -leiter zu einer Gesprächsführung, bei der der Bewerber sich positiv darstellen kann.

„primacy effect": Der erste Eindruck schafft eine prägende Voreinstellung.

■ **MERKE:**

- Machen Sie einen sympathischen ersten Eindruck (Äußeres, Auftreten, Umgangsformen u. a.).
- Dokumentieren Sie in der Warming-up-Phase über allgemeine Themen Ihre Kommunikationsfähigkeit.

Fragen zum Werdegang und zu den Bewerbungsmotiven

Ihr Gesprächspartner prüft die Motive Ihrer Bewerbung. Haben Sie ein ernsthaftes Interesse an der ausgeschriebenen Stelle? Welche Wertschätzung bringen Sie ihm entgegen? Wie realistisch sind Ihre Einschätzungen?

1. Schildern Sie uns bitte kurz Ihren bisherigen Werdegang.
2. Warum haben Sie sich gerade bei unserer Unternehmung beworben?
3. Warum bewerben Sie sich auf diese Stelle? Was reizt Sie an dieser Aufgabe/Ausbildung?
4. Warum wollen Sie Ihren jetzigen Arbeitsplatz aufgeben? Was hat Ihnen an Ihrem bisherigen Arbeitsplatz gefallen, was missfallen?
5. Haben Sie sich noch bei anderen Betrieben beworben?

■ **MERKE:**

Nutzen Sie die Chance zur positiven Selbstdarstellung.

- Heben Sie die Aspekte Ihrer Ausbildungs- und Berufslaufbahn hervor, die zum Anforderungsprofil der Stelle passen.
- Fangen Sie nicht bei „Adam und Eva" an. Demonstrieren Sie, dass Sie Wesentliches vom Unwesentlichen unterscheiden können.
- Verweisen Sie auf konkrete Indizien, die Ihr Interesse glaubwürdig machen (z. B. Schwerpunkte und Einsatzgebiete während der Ausbildung, Bezug zu Freizeitinteressen, Praktikumserfahrungen, Chancen zur beruflichen Weiterentwicklung, Zukunftsrelevanz und Attraktivität des Arbeitsgebiets).
- Vermeiden Sie plumpe Schmeicheleien.
- Beklagen Sie sich nicht über jetzige oder frühere Arbeitgeber/Vorgesetzte.
- Begründen Sie Ihren angestrebten Wechsel mit Ihrer Flexibilität und Innovationsbereitschaft.
- Machen Sie die Priorität der aktuellen Bewerbung deutlich.

Fragen zur neuen Stelle

Ihr Gesprächspartner prüft die Qualität Ihrer Vorbereitung auf das Bewerbungsgespräch. Können Sie Ihre Perspektiven realistisch einschätzen?
1. Woher kennen Sie unsere Unternehmung/Werkstatt?
2. Was wissen Sie über unseren Betrieb (Erzeugnisse/Leistungen, Marktstellung, Rechtsform, Organisationsstruktur u. a.)?
3. Wie stellen Sie sich Ihre Tätigkeit/Ausbildung bei uns vor?
4. Haben Sie einen persönlichen Bezug zu unserer Unternehmung/Werkstatt? Kennen Sie Mitarbeiter aus unserem Hause? Was haben die Ihnen über unser Haus erzählt?
5. Wie stellen Sie sich Ihre berufliche Entwicklung in unserem Unternehmen vor?

Machen Sie sich vorab mit dem Unternehmen/ Betrieb bekannt.

■ **MERKE:**

- Informieren Sie sich vorab über die Unternehmung/Werkstatt.
- Stellen Sie sich nicht als Alles- oder Besserwisser dar.
- Plaudern Sie nicht über Internes aus der „Gerüchteküche".
- Berücksichtigen Sie bei der Angabe von Ihnen bekannten Mitarbeitern deren Position und Ansehen.
- Dokumentieren Sie ausgewogen Realitätssinn und beruflichen Ehrgeiz.

Fragen zur Aus- und Weiterbildung

Ihr Gesprächspartner möchte herausfinden, ob Sie Ihren Berufsweg zielstrebig entsprechend Ihren Interessen und Neigungen eingeschlagen haben. Wie reagieren Sie in Problemsituationen? Geben Sie immer nur anderen die Schuld?
1. Welche Fächer lagen Ihnen in der Schule besonders?
2. Welche Fächer lagen Ihnen in der Schule nicht?
3. Woran lag es, dass Sie auf Ihrem Abschlusszeugnis im Fach Deutsch die Note ausreichend erhalten haben?
4. Wie sind Sie mit Ihren Lehrern zurechtgekommen?
5. Welche beruflichen Weiterbildungsmaßnahmen haben Sie besucht/ergriffen?

Stehen Sie zu Ihren Stärken und Schwächen.

■ **MERKE:**

- Verstricken Sie sich nicht in Widersprüche.
- Schieben Sie die Schuld nicht nur auf andere.
- Erklären Sie plausibel Ihre Schwächen.
- Beweisen Sie, dass Sie sich beruflich auf dem Laufenden halten (z. B. durch Besuch von Lehrgängen oder durch Fachliteratur).

Fragen zu Ihrer Person, zum familiären Hintergrund, zu Hobbys, zu Freizeitaktivitäten

Ihr Gesprächspartner will Sie als Person kennenlernen und sich über das Milieu, in dem Sie leben, informieren. Sind Sie ein vielseitig interessierter Mensch? Sind Sie eher ein „Einzelkämpfer" oder ein „Gruppenmensch"? Wie ist es um Ihre Konfliktlösungsfähigkeit, Verantwortungsbereitschaft, Kooperationsfähigkeit bestellt? Welche politischen, sozialen und gesellschaftlichen Prioritäten setzen Sie?

Sage mir, mit wem du umgehst, und ich sage dir, wer du bist.

1. Wie würden Sie sich selbst charakterisieren? Was sind Ihre Stärken, Ihre Schwächen?
2. Was sind Ihre persönlichen Lebensziele?
3. Stellen Sie uns bitte einmal Ihre Familie vor. (Bewerbung um einen Ausbildungsplatz: Wie verstehen Sie sich mit Ihren Eltern, Geschwistern, Lehrern?)
4. Was schätzen Sie generell an anderen Menschen, was nicht?
5. Welche Interessen, Hobbys haben Sie? Gibt es Bereiche, für die Sie sich besonders engagieren?

■ MERKE:

- Stellen Sie sich nicht total problemlos dar. Erhöhen Sie Ihre Glaubwürdigkeit, indem Sie wohldosiert auch Schwierigkeiten andeuten. Schließen Sie aber immer mit einer konstruktiven Bemerkung ab.
- Vermeiden Sie private Selbstoffenbarungen. Leiten Sie gezielt auf die berufliche Ebene über. Konzentrieren Sie sich auf Ihre beruflichen Zielsetzungen.
- Machen Sie deutlich, dass Sie kein Einzelgänger sind. Die moderne Arbeitswelt braucht teamfähige Mitarbeiter.
- Stellen Sie Hobbys und außerberufliche Aktivitäten heraus, die in einer positiven Beziehung zur angestrebten Stelle stehen.
- Machen Sie sich bereits in der Gesprächsvorbereitung bewusst, wie ein politisches und soziales Engagement von Ihrem potenziellen Arbeitgeber eingeschätzt wird.

Fragen des Bewerbers

■ MERKE:

An klugen Fragen erkennt man einen klugen Kopf.

- Disqualifizieren Sie sich nicht mit Fragen, die an anderen Stellen des Gesprächs eigentlich schon geklärt worden sind.
- Vermeiden Sie Fragen mit einem „Negativ-Image" (Urlaub, betriebliche Sozialleistungen, betriebliche Altersvorsorge u. a.).
- Bereiten Sie z. B. Fragen zu folgenden Aspekten vor:
  - Aufgabengebiet,
  - Kooperationspartner,
  - Zuständigkeit und Verantwortung,
  - Organisationsplan/Betriebshierarchie,
  - Entwicklungsmöglichkeiten,
  - Fort- und Weiterbildungsangebote.

Gesprächsabschluss und Verabschiedung

„recency effect":
Was zuletzt mitgeteilt wird (verbal oder non-verbal), bleibt in Erinnerung.

Gegebenenfalls leitet Ihr Gesprächspartner den Gesprächsabschluss mit einer Frage der folgenden Art ein:
Warum sollten wir uns gerade für Sie entscheiden?
Sie haben dann die Gelegenheit, Ihre positiven Eigenschaften in Bezug auf die zu besetzende Stelle zusammenzufassen.
Bei der Verabschiedung kommt es auch für Ihren Gesprächspartner darauf an, einen angenehmen Abschluss herbeizuführen: Er wird sich für Ihre Bewerbung, Ihren Besuch und Ihr Interesse am Betrieb bedanken.

■ MERKE:

- Klären Sie ohne Ungeduld und Bedrängung, wie der weitere Entscheidungsprozess abläuft.
- Äußern Sie keine Selbstzweifel.
- Bewahren Sie bei der Verabschiedung die Contenance. (Lächeln Sie, verlassen Sie ruhig und selbstsicher den Gesprächsraum, atmen Sie nicht erleichtert auf u. a.)

Training

1. Welche Intention verfolgt der Interviewer in einem Bewerbungsgespräch jeweils mit folgenden Fragen? Entwerfen Sie Antworten, die diese Zielsetzung berücksichtigen.
   a) Welche Gehaltsvorstellung haben Sie?
   b) Wie lange wird Ihre Einarbeitungszeit dauern?
   c) Warum sollten wir gerade Sie einstellen?

2. Welche Informationsquellen stehen zur Verfügung, wenn Sie sich zur Vorbereitung auf ein Vorstellungsgespräch über eine Unternehmung/Werkstatt informieren wollen?

3. Vergleichen Sie die folgenden Formulierungsvarianten. Inwiefern gelingt es dem Interviewer, durch Fragetechnik das Gespräch zu steuern? Welche Zielsetzung verfolgt er mit diesen Fragen? Wie sollten Sie als Bewerber auf diese Fragen reagieren?
   a) Hatten Sie an Ihrem letzten Arbeitsplatz persönliche Schwierigkeiten mit Ihren Vorgesetzten oder Kollegen?

b) Mit welchen persönlichen Schwierigkeiten im Verhältnis zu Ihren Vorgesetzten oder Kollegen mussten Sie sich an Ihrem letzten Arbeitsplatz auseinandersetzen?
c) Wie ist es Ihnen gelungen, persönliche Schwierigkeiten, die Ihnen Vorgesetzte oder Kollegen gemacht haben, zu bewältigen?

4. Ein jeder kann von sich behaupten, dass er z. B. teamfähig sei. Bei derartigen schwer erfassbaren Qualifikationen ist es deshalb günstiger, wenn Sie sie nicht nur direkt, sondern auch indirekt formulieren. D. h., geben Sie Hinweise und Indizien, aus denen Ihr Gesprächspartner die verlangten Fähigkeiten ableiten kann. Von der Richtigkeit seiner eigenen Schlussfolgerungen wird er eher überzeugt sein.
Formulieren Sie folgende Aussagen indirekt:
a) Ich bin teamfähig.
b) Ich besitze die Fähigkeit, Probleme zu lösen.
c) Ich bin flexibel.
d) Eine positive Eigenschaft meiner Person ist meine Zielstrebigkeit.

5. Entwerfen Sie als Berufseinsteiger (Alternativen nach eigener Wahl) ein „Stellengesuch" (Zeitungsinserat). Gestalten Sie Ihre Anzeige „werbewirksam". Stellen Sie sie den anderen Teilnehmern Ihrer Lerngruppe vor und bitten Sie sie um eine Beurteilung.

Hier können Sie sich weitergehend informieren:

Literatur

Hesse, Jürgen/Schrader, Hans Christian: Das erfolgreiche Vorstellungsgespräch. Eichborn Verlag. Frankfurt am Main 2001. (ISBN 3-821838-03-5)

5.2.5 Meistern Sie Fachgespräche in Prüfungen

Lernsituation

Als Schüler einer berufsvorbereitenden Schule oder als Auszubildender werden Sie in Kürze im Rahmen Ihrer Abschlussprüfung ein Fachgespräch über einen betrieblichen Auftrag bzw. über einen Kundenauftrag führen müssen. Sie müssen dann u. a. mit Anforderungen der folgenden Art rechnen.

Prüferin:
„Nach erfolgreicher Prüfung erhalten Sie im Bereich der Automatisierungstechnik eine eigenverantwortliche Aufgabe. Nachdem Sie Ihre neue Funktion angetreten haben, zerstört ein Kurzschluss einen gerade neu eingebauten Computerchip. Die Maschine steht still – nichts geht mehr. Sie sind, wie gesagt, für diesen Arbeitsbereich zuständig. Nehmen Sie zu dieser Situation bitte einmal Stellung."

Auf derartige komplexe Situationsaufgaben wollen Sie sich vorbereiten.

Handlungsauftrag

1. Führen Sie in Ihrer Lerngruppe eine Kartenabfrage[1] durch. Notieren Sie auf jeder Karte stichwortartig einen betrieblichen Auftrag/einen Kundenauftrag/eine praktische Arbeitsaufgabe, die in Ihrer praktischen Prüfung thematisiert werden könnten (z. B.: Übergabeinspektion eines Fahrzeugs, Motorölwechsel, Prüfung Spannvorrichtung, Abdeckarbeiten).
2. Informieren Sie sich im folgenden Informationsteil über das Fachgespräch in einer Prüfung. Entwerfen Sie mit diesem Wissen für eine Arbeitsaufgabe nach Ihrer Wahl die Lösungsstruktur. Bauen Sie Ihre Lösung so auf, dass Sie Problemlösungs- und Handlungskompetenz dokumentieren.
3. Bilden Sie in Ihrer Lerngruppe Kleingruppen zu je vier Personen: ein Prüfer, ein Prüfling, zwei Beobachter. Trainieren Sie das Prüfungsgespräch im Rollenspiel. Wechseln Sie dabei immer wieder die Rollen. Konzentrieren Sie sich bei der Gesprächsauswertung auf folgende Aspekte: Hat der Prüfling Fach-, Problemlösungs- und Kommunikationskompetenz gezeigt? Hat der Prüfling Einfluss auf den Gesprächsverlauf genommen?

Information

Fachkompetenz
+ *Problemlösungskompetenz*
+ *Kommunikationskompetenz*

= *(Berufliche) Handlungskompetenz*

1. Dokumentieren Sie nicht nur Faktenwissen, sondern auch Handlungskompetenz

In der Vergangenheit dominierten in mündlichen Prüfungen überwiegend reine Wissensfragen. Das hat sich geändert. Ziel der (Schul-)Ausbildung ist die berufliche und gesellschaftliche Handlungskompetenz. Gerade auch in der praktischen Berufsabschlussprüfung müssen Sie deshalb nachweisen, dass Sie in komplexen (beruflichen) Situationen kompetent handeln können.

1. Fachkompetenz	Sie können fachliche Kenntnisse, Fähigkeiten und Fertigkeiten in der selbstständigen Bearbeitung von komplexen Fachaufgaben anwenden.
2. Problemlösungskompetenz	Sie können die Problematik komplexer (beruflicher) Situationen erkennen, Lösungsalternativen entwickeln, geeignete Lösungen begründet auswählen, erforderliche Arbeitsprozesse planen und ausführen, das Arbeitsergebnis bewerten und den gesamten Prozess dokumentieren.
3. Kommunikationskompetenz	Sie können mit anderen (z. B. Kunden) situations-, intentions- und adressatenbezogen Informationen austauschen (verbal und non-verbal).

[1] Vgl. S. 24 ff.

Prüfungsanforderungen in einer mündlichen Prüfung

Abfragen von reinem Faktenwissen

Fachfrage
Erklären Sie, was ein Wärme-Dämm-Verbundsystem ist.

Überprüfung der Handlungskompetenz

Situationsaufgabe
Als Gesellin im Maler- und Lackierer-Handwerk werden Sie zu einer Baubesichtigung beordert. Der Kunde hat erhebliche Rissschäden an seinem Haus festgestellt. Er erkundigt sich, welche Möglichkeiten es gibt, die Schäden zu beseitigen.

„out": auswendig gelerntes Faktenwissen;
„in": analytisches und problemorientiertes Denken und Handeln

Fachkompetenz – ohne Fachwissen geht es nicht

Fachliche Kenntnisse, Fähigkeiten und Fertigkeiten sind die Basis für die Bewältigung von (beruflichen) Handlungssituationen. Insofern müssen Sie auch in situationsorientierten Prüfungsgesprächen Fachwissen nachweisen, indem Sie es bei der Lösung einer komplexen Fachaufgabe anwenden.

Je besser Sie den Prüfungsstoff beherrschen, desto wirksamer können Sie den Ablauf des Fachgesprächs in der Prüfung beeinflussen.

■ **MERKE:**

Fachkompetenz sicherstellen
1. Sich den Prüfungsstoff kontinuierlich während der gesamten Ausbildung aneignen; neue Wissensinhalte mehrmals wiederholen und üben; Verständnisprobleme sofort klären
2. Rechtzeitig mit der Prüfungsvorbereitung beginnen
3. In der Vorbereitungsphase einen monatlichen, wöchentlichen, täglichen Arbeitsplan aufstellen
4. Ständig die Planerfüllung kontrollieren
5. Für ungestörte Arbeitsmöglichkeit sorgen
6. Regelmäßig wohldosierte Entspannungspausen einlegen

Problemlösungskompetenz – problemorientierte Ausführungen überzeugen die Prüfer

Weisen Sie Ihre Problemlösungsfähigkeit nach, indem Sie Ihre Ausführungen im Fachgespräch problemorientiert strukturieren.

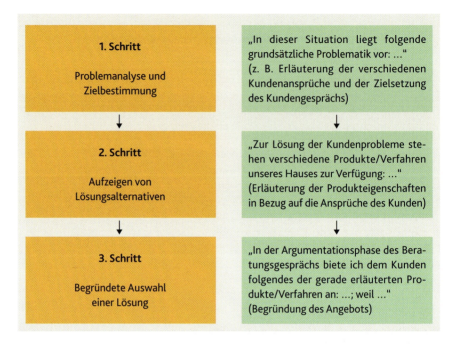

Zeigen Sie Ihre Fähigkeit, Probleme systematisch zu lösen.

■ **MERKE:**

Der „Problemlösungs-Dreisatz"
- Die besondere Problematik der Situationsaufgabe erkennen und beschreiben (in einen Gesamtzusammenhang einordnen, Hintergründe erläutern u. a.)
- Lösungsalternativen aufzeigen
- Geeignete Lösung auswählen und begründen
- Erforderliche Arbeitsschritte planen

Kommunikationskompetenz – im Fachgespräch selbst kompetent kommunizieren

Unsere Gesellschaft ist eine Kommunikationsgesellschaft. Die Fähigkeit, sich sach-, situations-, ziel- und empfängerorientiert mit anderen auszutauschen, gewinnt im (Berufs-)Alltag eine immer größere Bedeutung. Nur wer kommunikationsfähig ist, verfügt über (berufliche) Handlungskompetenz.

Außerdem nimmt die Kommunikationskompetenz eine herausragende Stellung ein. Nur über sie können sich fachliches Wissen, problemorientiertes Denken, prozessorientiertes Handeln und kundenorientierte Auftragsbearbeitung entwickeln und mitteilen.

Es ist deshalb nicht verwunderlich, dass Ihre Prüfer auf Ihr Gesprächsverhalten während des Fachgesprächs achten. Sie werden daraus Rückschlüsse auf Ihre Kommunikationsfähigkeit ziehen.

Bedenken Sie: Eine umfassende Stellungnahme zu einer problemorientierten Fachaufgabe stellt eine „Mini-Rede" dar. Trainieren Sie deshalb rechtzeitig die Vorbereitung, Einübung und Präsentation einer Kurzrede.[1]

In einer Kommunikationsgesellschaft ist die Kommunikationskompetenz die entscheidende Schlüsselqualifikation.

Kommunikationsfähigkeit nachweisen

■ **MERKE:**

- Zusammenhängende ausführlichere Statements abgeben
- Sich nicht alles „aus der Nase ziehen" lassen
- Ausführliche Antworten mit einem Einleitungssatz (z. B. Gliederung der Antwort) und Schlusssatz (z. B. Zusammenfassung) versehen
- Den Redebeitrag übersichtlich gliedern, z. B. Problemlösungs-Dreisatz
- Abstrakte Sachverhalte durch Beispiele veranschaulichen
- Erklärungen evtl. visualisieren
- Einfache, verständliche Sätze bilden
- Fachbegriffe einsetzen
- Frei sprechen
- Laut und deutlich sprechen
- Stimme variieren, z. B. „Wirkungspausen" einlegen
- Blickkontakt zu den Prüfern halten

Zeigen Sie durch Ihr kommunikatives Verhalten im Fachgespräch der Prüfung, dass Sie kommunizieren können.

2. Sie beeinflussen als Prüfling den Prüfungsverlauf

Sie meinen, das geht doch gar nicht?
Natürlich sind die Prüfer in der gesprächsbestimmenden Position. Sie legen die Abfolge der Themen fest und beeinflussen den Stil des Gesprächs.
Dennoch haben auch Sie als Prüfling begrenzte Möglichkeiten, den Gesprächsverlauf zu steuern und das Gesprächsergebnis zu beeinflussen.

Als Prüfling sind Sie nicht völlig ausgeliefert.

---
[1] Vgl. S. 50 ff.

Lenken Sie das Fachgespräch auf Ihre Spezialgebiete

- Nehmen Sie zunächst, so gut es geht, zum vorgegebenen Arbeitsauftrag Stellung. Verweisen Sie dann beiläufig mit einer auffälligen Bemerkung auf ein benachbartes Sachgebiet, in dem Sie sich besonders gut auskennen. Vielleicht reagieren Ihre Prüfer wunschgemäß.
  „In diesem Zusammenhang ist nach meiner Auffassung auch … sehr interessant."
- Setzen Sie bei der Bearbeitung selbstständig Prämissen, die die Situationsaufgabe für Sie lösbarer machen.
  „Ich gehe davon aus, dass …"
  „Ich verstehe das Grundproblem … so, dass …"
- Lenken Sie konkrete Fragen auf eine allgemeine Ebene, auf der Sie sich besser auskennen.
  „Die Frage der Wärmedämmung spielt auch in der aktuellen politischen Auseinandersetzung eine große Rolle. Dabei wird diskutiert …"
- Verweisen Sie Ihre Prüfer auf einen anderen Problembereich, wenn Sie sich in dem angesprochenen Gebiet überhaupt nicht auskennen.
  „Mit der Übergabeinspektion eines Fahrzeugs … habe ich mich nur oberflächlich auseinandergesetzt. Das liegt daran, dass meine Einsatz- und Interessenschwerpunkte … sind."

Fragen Sie nach

- Fragen Sie nach, wenn Sie etwas nicht verstanden haben.
  „Was verstehen Sie unter …?"
- Wenn Sie eine Fachaufgabe nicht bearbeiten können, dann fragen Sie Ihre Prüfer nach weiteren Informationen, die Ihnen vielleicht weiterhelfen.
  „Mir ist noch nicht ganz klar, wie Sie … verstehen."
  „Können Sie die Problemsituation etwas näher erläutern?"

Beweisen Sie Ihre Denkfähigkeit

- „Platzen" Sie nicht mit einer Lösung heraus, auch wenn Sie sie spontan wissen. Entwickeln Sie diese in mehreren gedanklichen Schritten. So dokumentieren Sie Ihre Denkfähigkeit und vermeiden den Eindruck, dass Sie nur Auswendiggelerntes wiedergeben.

Informieren Sie sich nach Möglichkeit vorab über die Arbeits- und Interessenschwerpunkte Ihrer Prüfer

- Bereiten Sie sich in diesen Themenbereichen besonders gut vor.
- Lenken Sie das Prüfungsgespräch auch in Sachgebiete, in denen Ihre Prüfer weniger zu Hause sind.

1. Rollenspiel „Fachgespräch in der Prüfung"
   Vielleicht denken Sie jetzt:
   In der Prüfung bin ich viel zu aufgeregt, um die obigen Hinweise zu beachten.
   In der Tat, die notwendige Routine gewinnen Sie nur, wenn Sie die Prüfungssituation immer wieder im Rollenspiel durchgehen.

   a) Stellen Sie gemeinsam mit anderen Prüfungskandidaten Listen auf von:
      – Fachfragen (Prüfung von reinem Fachwissen)
      – Situationsbezogenen Arbeitsaufträgen (Prüfung der Handlungskompetenz)
      Setzen Sie dazu auch das Instrument der Kartenabfrage ein.

   b) Gehen Sie diese Fragen und Arbeitsaufträge immer wieder im Rollenspiel durch. Wechseln Sie dabei in Ihrer Lerngruppe die Rollen. Sprechen Sie bei der Auswertung eines Rollenspiels nicht nur über den Stoff, sondern auch über die Antworttechniken des Prüflings.

2. Nutzen Sie für Ihre Prüfungsvorbereitung auch die Methode des Mind-Mapping[1]. Fertigen Sie zu Fachbegriffen und/oder situationsbezogenen Fachaufgaben Mind-Maps an. Warum ist diese Vorbereitungsmethode sinnvoll?

   Beispiel:
   Situationsaufgabe
   Als Mitarbeiterin der „Sanitär Heinz Kupfer GmbH" sind Sie auch in der Kundenberatung tätig. Sie bereiten sich auf das folgende Kundengespräch vor. Der Kunde hat vor kurzem ein Haus geerbt. Die alte Heizungsanlage muss erneuert werden. Der Kunde möchte vor einer Auftragserteilung über die Modernisierung der Anlage beraten werden. Er hat auch Interesse am Einbau eines Kaminofens signalisiert.

   Mind-Map

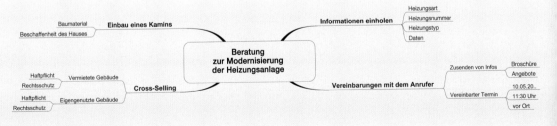

---

[1] Vgl. S. 29 f.

Literatur

Hier können Sie sich weitergehend informieren:

Günther, Ullrich/Sperber, Wolfram: Handbuch für Kommunikations- und Verhaltenstrainer. Psychologische und organisatorische Durchführung von Trainingsseminaren. Ernst Reinhardt Verlag. 7. aktual. Auflage. München 2000. (ISBN 3-497-01527-X)

Sachwortverzeichnis

Abschluss (Gespräch) 106 f., 122
Akrostichon 28
Aktives Zuhören 96
Alternativfragen 87
Appell 8, 20, 72 f.
Appell-Ohr 9
Argumentation 80 f., 85, 105
Assoziation 62 f.
Aussagen 115
    Du-Aussagen 115
    Ich-Aussagen 115
    umkehrbare Aussagen 115
Äußeres Erscheinungsbild 15 f.
Aussprache 45 f.

Balkendiagramm 35
Beamer 39
Begrüßungsrede 51 ff.
Beobachtungsbogen Rede 76
Bewerbungsgespräch 116 ff.
    Ablauf 118 ff.
    Abschluss 122
    Fragen an den Bewerber 119 ff.
    Fragen des Bewerbers 121
    Strategie 118
Beziehung 7, 20, 68 f.
Beziehungs-Ohr 8 f.
Bildhafte Assoziation 62 f.
Botschaften 7 ff.
    Appell 8
    Beziehung 7
    Information 7
    Selbstmitteilung 7
Bullet-Chart 32

Diagramme 34 ff.
    Balkendiagramm 35
    Kreisdiagramm 34
    Kurvendiagramm 35
    Organigramm 33 f.
    Säulendiagramm 35 f.
Dialogische Formen 79 ff.
    Gesprächsanlässe 93 ff.
    Partnerorientierte Gesprächs-
    führung 84 ff.
    Vorbereiten auf ein Gespräch
    79 ff.
Drei-B-Schema 53, 74
Drei-Zeiten-Schema 53
Du-Aussagen 115

Einwand-Antwort-Schema 75
Einwandvorwegnahme 75
Entscheidungshilfen (Verkaufs-
    gespräch) 107

Fachgespräch 123 ff.
Fachkompetenz 124 f.
Fachvortrag 50 ff., 71 ff.
    Checkliste 72
    faire Gesprächsführung 86, 88
    Feedback 21, 96
    Beobachtungsbogen 76
Flipchart 38
Folie 39
Fragen 86 f.
    Alternativfragen 87, 107
    geschlossene Fragen 87
    offene Fragen 86 f., 102 f.
    Suggestivfragen 87 f., 107
Fragetechnik 86 f.
freie Grafiken 37
freier Vortrag 65 ff.
freies Sprechen 47 ff.

geschlossene Fragen 87
Gesellschaftsrede 71, 77 f.
Gespräch 79 ff.
    Ablaufplan 81 ff.
    Anlässe 93 ff.
    Führung 79 ff.
    Inhalt 80 f.
    partnerorientiert 84 ff.
    Steuerung 86 ff.
    Zielsetzung 80
Gesprächsablaufplan 81 ff.
Gesprächsanlässe 93 ff.
    Bewerbungsgespräche 116 ff.
    Prüfungsgespräche 123 ff.
    Reklamationen 112 ff.
    Telefonieren im Beruf 93 ff.
    Verkaufsgespräche 102 ff.
Gesprächsführung 84 ff.
    partnerorientierte 84 ff.
    unfaire 88
Gesprächsinhalte 80 f.
Gesprächssteuerung durch Fragen
    86 ff.
    Alternativfragen 87, 107
    geschlossene Fragen 87
    offene Fragen 86 f., 104 f.
    Suggestivfragen 87 f., 107
Gesprächsziel 80
Gestaltung eines Vortrags 56 ff.

Sachwortverzeichnis

Ratschläge für einen guten Vortrag 58 ff.
Gestaltungselemente (Visualisierung) 32 ff.
　Bullet-Chart 32
　Diagramme 34 ff.
　Organigramm 33 f.
　Strukturbild 33 f.
　Tabelle 33
　Textbild 32
Gestik 15 f., 45, 69
Grafiken 37
Grundgliederung eines Vortrags 51 ff.

Hauptteil eines Vortrags 53
　Drei-B-Schema 53, 78
　Drei-Zeiten-Schema 53
　Einwand-Antwort-Schema 75
　Ist-Soll-Wie-Schema 53
　Plus-Minus-Schema 74 f.
Handlungskompetenz 124
Historische Bezüge 55

Ich-Aussagen 115
Information 7
Ist-Soll-Wie-Schema 53

Ja-aber-Methode 106

Kartenabfrage 24 ff.
　Leitfrage 23
Kommunikation 6 ff.
　Grundlagen 6 ff.
　Kompetenz 124, 126 f.
　Störungen 19 ff.
　mündliche 79 ff.
Kommunikationskompetenz 124, 126 f.
Kommunikationsstörungen 19 ff.
Kongruenz 20, 45
kontrollierter Dialog 90 f.
Körperhaltung 15 f.
Körpersprache 13 ff., 69
　Äußeres Erscheinungsbild 15 f.
　Bedeutung 14, 69 f.
　Fehlinterpretationen 16
　Gestik 15 f. 45, 69
　Körperhaltung 15 f.
　Mimik 15 f., 45
　Zeichen 15 f.
Kreative Techniken 24 ff.
　6-3-5-Methode 26
　Akrostichon 28
　Kartenabfrage 24 ff.
　Mind-Mapping 26 ff.
Kreisdiagramm 34
Kundeneinwände 106
Kurvendiagramm 36

Laptop 39
Laudatio 77 f.

Leitfrage 23
Lesetechnik 44 ff.

Manuskript 62 f.
　Stichwort-Karten 62 f.
Medien (Visualisierung) 37 ff.
　Audiovisuelle Medien 39
　Auditive Medien 39
　Laptop/Notebook/Beamer 39
　Flipchart 38
　Folie 39
　Haptische Medien 39
　Metaplanwand 38
　Overheadprojektor 39
　Video 39
Metakommunikation 21
Metaplanwand 38
Methode-6-3-5 26
Mimik 15 f., 45
Mind-Mapping 26 ff.
　Ablauf 27
　Grundregeln 28
Monologische Formen 42 ff.
　Beobachtungsbogen 76
　Gestaltung eines Vortrags 56 ff.
　Konzipieren einer Präsentation 50 ff.
　Präsentieren im freien Vortrag 67 ff.
　Stegreif-Rede 47 ff.
　Stichwort-Karten-Manuskript 62 ff.
　Training freier Vortrag 65 ff.
　Vorlesen 42 ff.
mündliche Kommunikation 42 ff.
　dialogische Formen 79 ff.
　monologische Formen 42 ff.

Sachwortverzeichnis

Nachricht 7 f.
Notebook 39
Nutzenargument 105

offene Fragen 86 f., 104 f.
Organigramm 33 f.
Overheadprojektor 39

partnerorientierte Gesprächs-
   führung 84 ff.
Phasen eines Verkaufsgesprächs
   103 ff.
   Abschluss 106 f.
   Argumentation 105
   Begrüßung 104
   Einwandbehandlung 106
   Information 104 f.
   Verabschiedung 107
Plus-Minus-Schema 74 f.
Präsentation 50 ff.
Präsentation Fachvortrag 50 ff.
Präsentation freier Vortrag 65 ff.
Präsentation Gestaltung 56 ff.
Präsentation Konzept 50 ff.
   effektvoller Beginn 52
   Grundlagen 50
   Grundgliederung 51
   Hauptteil 53
   Planungsschritte 50
   „roter Faden" 51 ff.
   Schlusspunkt 53 f.
Präsentation Visualisierung 30 ff.

primacy-effect 119
Problemlösungs-Dreisatz 126
Problemlösungskompetenz 125 f.
Prüfungsgespräche 123 ff.
   Situationsaufgabe 125 ff.
   Fachgespräch 123 ff.
   Fachkompetenz 124 f.
   Kommunikationskompetenz 124,
   126 f.
   Problemlösungskompetenz 124 ff.

Ratschläge für einen guten
   Vortrag 58 ff.
recency-effect 122
Rede 42 ff.
   Checkliste 72
   effektvoller Beginn 52
   freier Vortrag 65 ff.
   Gestaltung 56 ff.
   Grundlagen 50
   Manuskript 62 ff.
   Publikum 50, 68 f.
   Ratschläge für einen guten
   Vortrag 58 ff.
   Schluss 53 f.
   Strukturschema 53, 75
   Präsentieren im freien Vortrag
   67 ff.
   Zielsetzung 50, 71 ff.
Redetraining 48 f., 65 f.
Reklamationsgespräch 112 ff.
Rollenspiel 90 f., 117, 124, 129

Sach-Ohr 8
Säulendiagramm 35 f.

Selbstdarstellung 20
Selbstenthüllung 20
Selbstmitteilung 7, 20
Selbstmitteilungs-Ohr 8
Sie-Stil 85
Sprech-Denken 47 ff., 65 f.
Stegreif-Rede 47 ff.
Stichwort-Karten-Manuskript
   62 f.
Stimmvariation 45
strategischer Gesprächsablauf-
   plan 81 ff.
   Argumentation 80 f.
   Einleitung/Small Talk 81
   Gesprächsabschluss 82
Strukturbild 33 f.
Suggestivfragen 87 f., 107
Symbole 37

Tabellengestaltung 33
Telefonieren im Beruf 93 ff.
Telefon-Kompetenz 95 ff.
Textbild 32

Überzeugungsrede 71, 73 ff.
   Einwand-Antwort-Schema 75
   Plus-Minus-Schema 74 f.
umkehrbare Aussagen 115
unfaire Gesprächsführung 88

Verkaufsgespräche 102 ff.
   Abschluss 106 f.

Sachwortverzeichnis

Entscheidungshilfen 107
Kundeneinwände 106
Nutzenargumente 105
Phasen 103 ff.
Verständlichkeit von Texten 22
Video 39
Visualisierung 30 ff.
  Medien 37 ff.
  Gestaltungselemente 37 ff.
Vorbereiten auf ein Gespräch 79 ff.
  Inhalte 80 ff.
  Ziel 80
  strategischer Gesprächsablaufplan 81 f.
  Umfeld organisieren 83

Vorlesen 42 ff.
  Lesetechnik 44 ff.
Vortrag 50 ff., 71 ff.
  Checkliste 72
  effektvoller Beginn 52
  freier Vortrag 65 ff.
  Gestaltung 56 ff.
  Grundlagen 50
  Manuskript 62 ff.
  Publikum 50, 68 f.
  Ratschläge für einen guten Vortrag 58 ff.
  Schluss 53 f.
  Strukturschema 53, 75
  Präsentieren im freien Vortrag 67 ff.

Zielsetzung 50, 71 ff.
Vortragsarten 71
  Fachvortrag 50 ff., 71 ff.
  Laudatio 77 f.
  Überzeugungsrede 71, 73 ff.

Warming-up-Phase 119

Zeichen der Körpersprache 15 f.
Zitatesammlung 55

Bildquellenverzeichnis

aphorismen.de 55
Bilderbox 88, 123
Bildungsverlag EINS 6, 14, 24, 30, 34, 35, 36, 37, 38, 42, 47, 49, 52, 53, 54, 65, 67, 90, 116, 119
Bulls Press 10, 15
Bundeszentrale für gesundheitliche Aufklärung 73
Fotolia 6, 77, 81
Globus Infografik GmbH 40, 41
Anja Hallas (privat) 19, 21, 31, 103, 106, 120, 122
kalender.de 55
mauritius images 58 (Jean-Pierre Lescourret), 127 (PowerStock)
MEV Verlag GmbH 5, 51, 71, 77, 79, 80, 83, 84, 86, 95, 96, 97, 101, 102, 104, 107, 113, 128
Horst Neuhaus (privat) 13, 14, 45
Evelyn Neuss/Bildungsverlag EINS 8, 12 oben und unten, 47 unten, 51 unten, 63, 93, 98, 105, 112, 118
Project Photos GmbH & Co. KG 91
Philipp Querbach (privat) 17
weltchronik.de 55
wissen.de 55
zitate.de 55